I0014132

APRENDER
PROGRAMACIÓN EN C

2ª EDICIÓN

Ángel Arias
IT Campus Academy
ISBN: 978-1973977513

ÍNDICE DE CONTENIDOS

NOTA DEL AUTOR

Esta publicación está destinada a proporcionar el material útil e informativo. Esta publicación no tiene la intención de conseguir que usted sea un maestro de las bases de datos, sino que consiga obtener un amplio conocimiento general de las bases de datos para que cuando tenga que tratar con estas, usted ya pueda conocer los conceptos y el funcionamiento de las mismas. No me hago responsable de los daños que puedan ocasionar el mal uso del código fuente y de la información que se muestra en este libro, siendo el único objetivo de este, la información y el estudio de las bases de datos en el ámbito informático. Antes de realizar ninguna prueba en un entorno real o de producción, realice las pertinentes pruebas en un entorno Beta o de prueba.

El autor y editor niegan específicamente toda responsabilidad por cualquier responsabilidad, pérdida, o riesgo, personal o de otra manera, en que se incurre como consecuencia, directa o indirectamente, del uso o aplicación de cualesquiera contenidos de este libro.

Todas y todos los nombres de productos mencionados en este libro son marcas comerciales de sus respectivos propietarios. Ninguno de estos propietarios ha patrocinado el presente libro.
Procure leer siempre toda la documentación proporcionada por los fabricantes de software usar sus propios códigos fuente. El autor y el editor no se hacen responsables de las reclamaciones realizadas por los fabricantes.

INTRODUCCIÓN

El **lenguaje C** se considera que es la base de muchos lenguajes de programación modernos, tales como " Objetive-C y C++. Otros lenguajes de programación tienen una sintaxis inspirada en la de C, como Java y C#.

El lenguaje C es un lenguaje de programación que sigue el paradigma de *programación imperativa*. Este lenguaje ha desempeñado, y sigue desempeñando un papel importante en la tecnología informática:

- Es el lenguaje de sistema de los sistemas operativos POSIX (Unix y derivados, como BSD, Linux, Mac OS X).
- Es el lenguaje con el que se desarrollan la mayoría de los sistemas operativos y los módulos de los controladores de dispositivos (gestión de dispositivo).
- Aunque no ha avanzado hacia el desarrollo de software de aplicaciones, todavía hay muchas aplicaciones desarrolladas en C y su mantenimiento cuesta mucho menos que reescribir la aplicación completa en otro lenguaje.

A partir de C se derivan muchos lenguajes de programación modernos, principalmente C++, Objective-C, Java y C#. Estos lenguajes comparten en distinto grado el léxico, la sintaxis y la lógica de C. Muchos profesionales consideran que el aprendizaje de C es la base para el aprendizaje de estos lenguajes.

Sin embargo, puede no querer aprender el lenguaje C si usted no está interesado ni el software de sistema y ni desea utilizar un lenguaje que no se derive del lenguaje C.

UN LENGUAJE DE PROGRAMACIÓN

El primer ordenador se ha programado con un lenguaje de máquina, un lenguaje que se ejecuta mediante una secuencia de bits. Esta forma de programación se dice que es un nivel muy bajo y es el único lenguaje que es comprensible y directamente ejecutable por el microprocesador. Escribir un programa directamente en lenguaje máquina requiere tener un conocimiento muy amplio y profundo del microprocesador específico para poder desarrollar un programa, y de cómo tratar la portabilidad del programa a otro equipo sobre la base de otra familia de microprocesadores. La mayoría de los humanos no entendemos el lenguaje de máquina o binario, sólo podemos ver una cadena interminable de código que a nuestros ojos es totalmente incompresible.

Por estas y otras razones, durante la evolución de la informática se han creado lenguajes de programación, con el fin de simplificar y reducir el tiempo de desarrollo y el mantenimiento del programa.

Uno de los lenguajes que todavía se utiliza es el lenguaje assembley o ensamblador. Sin embargo, este lenguaje no es muy productivo y se utiliza en conjunto con otros lenguajes, como el lenguaje C, cuando la operación que se lleva a cabo debe realizarse en el menor tiempo posible. Este conjunto tiene los mismos problemas de los lenguajes de máquina, es decir, no es portátil y es muy complejo, ya que tiene que manipular directamente los registros del microprocesador, sin embargo, es una herramienta que tiene un lenguaje más fácil de recordar nemónicamente y es legible por humanos. El programa escrito en assembley, con el fin de ser ejecutado por el equipo, requiere de una transformación en código de máquina para que este pueda ser comprendido por el microprocesador, esta transformación se suele llevar a cabo por un programa llamado ensamblador o assembler. Este lenguaje pertenece a la categoría de los lenguajes de bajo nivel y se ubica justo por encima del lenguaje de máquina.

Durante la evolución de la informática se han producido una gran proliferación de los lenguajes de alto nivel, creados y diseñados para resolver algunos tipos de problemas particulares y otros problemas más genéricos. Los lenguajes de alto nivel hacen que el programa sea más legible y fácil de mantener, el resultado es un código más compacto y más comprensible.

Algunos ejemplos de estos lenguajes de alto nivel son Pascal para aplicaciones de enseñanza, Fortran para aplicaciones científicas, Basic, Cobol, por nombrar unos pocos, y por supuesto, el **C**.

Es un lenguaje de nivel medio
Lo que diferencia a C de otros lenguajes de programación es el hecho de que se considera *el lenguaje de nivel más bajo entre los de alto nivel*, esta asignación viene dada al hecho de que C es ampliamente utilizado para los constructores de programas, sistemas operativos o sobre aquellas aplicaciones que requieren un control directo sobre los dispositivos.

Estructurado
Cada programa se ve como un comando (o complejo estructurado), obtenido mediante la composición de otros comandos utilizando 3 estructuras de control: concatenación, alternativas y la repetición.

Tipo débil
En el sentido de que, dado un tipo particular, este puede ser visto por el programa mediante el uso de técnicas especiales, tales como otros tipos o incluso convertirse en otro tipo. Además, algunas de estas conversiones de un tipo a otro son implícitas, y otras pueden ser forzadas.

Diferencia entre mayúsculas y minúsculas
C es case-sensitive, es decir, que diferencia entre mayúsculas y minúsculas; así ab, AB, Ab y aB serán cuatro variables diferentes.

Fue diseñado en los laboratorios Bell de AT & T en 1972 por Dennis Ritchie como una evolución del lenguaje B de Ken Thompson que se utilizó para escribir los primeros sistemas operativos UNIX. El mismo Thompson en 1970, fue a su vez inspirado por el lenguaje BCPL por Martin Richards, y pensó también en desarrollar sistemas operativos y software de sistema. La definición fue realizada en 1978 por BW Kernighan y DM Ritchie. En 1983 se comenzó a trabajar en la definición de un estándar por la American National Standards Institute, que publicó en 1990 el estándar ANSI C (ISO C89).

Variantes y lenguajes derivados

La norma también fue adoptada por la Organización Internacional de Normalización (ISO) en 1999 bajo el nombre de ANSI C/ISO estándar. En 1995 se aprobó la primera enmienda a la Norma C, la cual, entre otras cosas, añade nuevas funciones a la biblioteca estándar. Utilizando como un documento base con el C89 de la primera enmienda, y uniendo el uso de algunas clases de Simula, Bjarne Stroustrup empezó a desarrollar C++.

El resultado final del desarrollo continuo de la norma C se promulgó en 1999, y es conocida como ISO C99.

El lenguaje Objective-C debe su popularidad a que Apple lo eligió como base para su sistema operativo Mac OS X.

Es un lenguaje orientado a objetos y, a diferencia de C++ mantiene total compatibilidad con C.

Comenzamos introduciendo el programa clásico *Hello World*.

```
#Include
stdlib.h #include
int main (void)
{
printf ("Hello World!");
system ("PAUSE");    // le permite detener el programa
}
```

Ahora analicemos el código:

- #Include permite utilizar el printf que permite escribir en la pantalla;
- int main (void: es la función principal del programa función principal);
- printf ("Hello World!"): imprime la cadena *Hello World!*;

Vamos a examinar en detalle todas estas instrucciones en los capítulos siguientes.

C es un lenguaje que lleva a cabo las operaciones de manera secuencial, esto significa que la ejecución se llevará a cabo de arriba hacia abajo.

De esta definición se deduce que hay que tener mucho cuidado con el orden de las instrucciones, ya que el compilador las ejecutará.

Además, es una buena práctica dividir el código de C en varias funciones, aunque sea posible prescindir de una función llamada "main", esta está siempre presente. Esta función identifica el punto de partida del programa y es utilizada por el sistema operativo para identificar el punto de ejecución en el programa y para proporcionar un conjunto de argumentos opcionales con el objetivo de cambiar el comportamiento del programa.

La estructura general de un programa es el siguiente:

Declaraciones globales
Tipo función_principal (argumentos)
{

    función (argumentos);

}
tipo de función (argumentos)
{

    código;

}

esto pasado a la sintaxis de C, tendríamos la estructura básica siguiente:

int Main (void)
{

    código aquí

}

En esta sección vamos a analizar las **variables**, los **operadores** y **constantes**.

Una **variable** en C (y en la programación en general) es un espacio de memoria que contiene un valor. Una variable tiene un nombre que se utiliza en la programación para hacer referencia a un espacio de memoria en particular.

NOCIONES MÍNIMAS

Los tipos de datos elementales manejados por el lenguaje C dependen de la arquitectura de la computadora. En este sentido, es difícil definir el tamaño de las variables numéricas, sólo se puede dar definiciones relacionadas. Por lo general, la referencia está dada por el tipo de número entero (**int**) cuyo tamaño en bits corresponde al de la palabra, o por la capacidad de la aritmética-lógica del microprocesador.

Los documentos que describen el lenguaje C estándar, definen el "tamaño" de una variable como un rango.

Bits, bytes y caracteres

La referencia más importante es el byte, que para el lenguaje C es de al menos 8 bits, pero podría ser más grande. Desde el punto de vista del lenguaje C, el byte es el elemento más pequeño que puede ser guardado en la memoria principal, esto incluso cuando la memoria se guardó en realidad con palabras de mayor tamaño del byte. Por ejemplo, en un procesador que divide la memoria en bloques de 36 bits, un byte puede tener 9, 12, 18 bits o incluso 36 bits.

Se considera que C representa cualquier variable escalar como una secuencia continua de bytes, por lo que todas las variables escalares se representan como múltiples bytes; por consiguiente, son variables estructuradas, debido a la necesidad de alinear los datos de alguna manera.

El tipo **char** (carácter), es tradicionalmente una variable que ocupa exactamente un byte.

VARIABLES

Como podríamos esperar, las variables se tratan de todos los datos de direcciones en la memoria. Uno puede imaginar esto como los números de las viviendas: Cada celda de memoria tiene un número único, que se utiliza para localizar los datos almacenados. Los programas serían realmente muy confusos si cada variable se guardara con la dirección. Por lo tanto, en lugar de direcciones (nombres) se utilizan identificadores. El compilador luego las traduce a la dirección respectiva.

Sobre el tipo de la variable, el compilador puede determinar cuánta memoria necesita una variable en la memoria mirando su tipo.

El tipo le dice al compilador también cómo se debe interpretar un valor en la memoria. Por ejemplo: por lo general, la representación interna de los números de punto flotante (números con decimales) y enteros (números sin decimales) son diferentes, a pesar de que la norma ANSI C no dice nada sobre cómo deben de ser implementados. Sin embargo, si, por ejemplo, se añaden dos números este proceso es diferente para los números enteros y los números de coma flotante debido a que tienen una representación interna diferente.

Antes de que una variable se pueda utilizar, el compilador debe ser notificado sobre el tipo y el identificador. Este proceso se conoce como la declaración.

Además, se debe ser reservado el espacio en memoria para las variables. Esto se hace en la definición de la variable. Mientras que una declaración puede suceder varias veces en el código, una definición sólo puede aparecer una vez en todo el programa.

Para utilizar una variable, primero hay que declararla. La declaración es la siguiente:

Type variable_name;
Se declara una variable cuyo nombre es variable_name y cuyo tipo es type. Por ejemplo, si queremos declarar una variable de número entero podemos hacerlo de la siguiente manera:

int numero;
Donde int es un tipo de variable que se utiliza para representar los números enteros.

Se pueden declarar varias variables del mismo tipo en una sola línea, por ejemplo:

int a , b;

Se declaran dos variables de tipo int.

Las variables pueden ser inicializadas en la declaración:

int c = 1;

Si no se inicializa una variable se dice que su valor es indeterminado, en el sentido de que no se puede saber lo que contiene. Normalmente, una variable no inicializada contiene *garbage*, basura, que contiene lo que está presente en su discurso en el momento de la asignación. Algunos compiladores sólo restablecen las variables declaradas. Debido a que generalmente no se conoce el comportamiento del compilador, y dado que nuestro programa debe ser compatible con la mayoría de los compiladores, el programa inicializa las variables antes de su uso. Si se declaran varias variables en la misma línea pueden o pueden no ser inicializadas:

int d, y = 2;
Se crean dos variables, pero sólo la segunda se inicializa

int f = 1, g = 2;
Ambas se inicializan.

También es posible hacer una declaración relacionada:

int a = b = 3;
Ambas variables se inicializan con el valor 3.

Los nombres de variables

El nombre de una variable es elegido por el programador, y técnicamente se llama "identificador". La elección de un nombre en particular no tiene efecto en la ejecución del programa. Sin embargo, existen las siguientes reglas:

Dos variables no pueden tener el mismo nombre

Puede utilizar tanto letras como números, pero el primer carácter debe ser una letra

Aunque no da error, es mejor no utilizar el subrayado _ como inicial para evitar conflictos con las bibliotecas que a menudo utilizan las variables que comienzan con el carácter de subrayado

C distingue entre mayúsculas y minúsculas, es decir, las letras mayúsculas son distintas de las letras minúsculas

Las palabras reservadas como if, int... no puede ser utilizado para los nombres de variables

El número de caracteres significativos indica cuántos caracteres iniciales del nombre, pueden ser los mismos, antes de un conflicto de similitud

```
int     abcdefghijklmnopqrstuvwxyzABCDEaaa;
int     abcdefghijklmnopqrstuvwxyzABCDEbbb;
/* Posible conflicto con el anterior! */
```

En el ejemplo anterior se definen dos variables, cuyos primeros 31 caracteres del nombre son los mismos: esto puede impedir que el compilador pueda distinguir las dos variables, y acaba arrojando un error.

ASIGNACIÓN

Con el operador de asignación = se asigna un valor particular a una variable:

```
int uno,
uno = 1;
```
La variable se declara de tipo entero, después se le asigna el valor 1.

A una variable se le puede asignar el valor de otra variable:

int b, c = 0,
b = c;
Ambas variables son 0.

Puede hacer la asignación de varias variables simultáneamente:

int x , y;
x = y = 2;
A ambas variables se les asigna el valor 2.

LOS TIPOS DE LAS VARIABLES

Para cada variable de C debe estar asociada a un tipo, por lo que cuando se declara una variable siempre debe especificar de qué tipo es. En C, las variables pueden ser de 5 tipos básicos:

- int: son números enteros (16 bits).
- float: estos son los números en coma flotante (en inglés "punto flotante") con precisión simple (32-bit).
- double: son los números de doble precisión de punto flotante (64 bits).
- char: son variables que contienen un carácter (8 bits).
- void: el no-tipo, no puede crear variables de tipo void, pero este tipo se utiliza para declarar punteros genéricos (que pueden apuntar a cualquier tipo de datos) y definir a las funciones que no devuelven ningún valor.

El tamaño real del tipo int, se decide cuando el rango de números representables, depende en gran medida de la aplicación (compilador, y el tipo de procesador). Las especificaciones del lenguaje sugieren que tiene un *tamaño natural, sugerida por el tiempo de ejecución*, y esto generalmente se traduce en al menos 16 bits (rango numérico desde -32768 hasta 32767), también en la mayoría de los procesadores/compiladores de 8 bits, pero con los procesadores de 32 bits es bastante común que el compilador utilice un int (rango desde -2147483648 hasta 2147483,647 mil) de 32 bits.

En algunos casos especiales, el tamaño del tipo char se incrementó de su mínimo de 8 bits, como para algunos DSP. En ese caso podría ser, dado algunas ALU sólo de 16 o 32 bits, forzando incluso el tipo de char a 16 o 32 bits.

Para asegurarse de que el tamaño es en cualquier caso esencial para la documentación del compilador, proporcionamos el archivo de cabecera limits.h, en este archivo definimos mediante la instrucción #define algunos valores, tales como INT_MIN y INT_MAX, que definen los límites de los números representables. El archivo de cabecera float.h tiene un objetivo similar, para los números que se representan en punto flotante.

Ejemplos de uso

```
#Include
int Main (void)
{
  int Integer =  45;
  // int Integer = 055 // 45 en octal
  // int Integer = 0x2D, // 45
     printf ("La variable entero es igual a %d" , entero);
  numeroEntero = 54;
  numeroEnPuntoFlotante = 78.9;
  numeroEnDoblePuntoFlotante = 179.678;
  caracter = 'b';
  return 0;
}
```

OPCIONES

Puede utilizar las opciones a la hora de declarar las variables para obtener comportamientos especiales.

Constantes

A diferencia de las variables, los valores de las constantes no se pueden modificar durante su vida. Las constantes pueden ser útiles si se definen al comienzo del programa, así, posteriormente, sólo tiene que ubicarlas en la parte del código fuente que desee.

Un ejemplo sobre esto sería el IVA. ¿Va a aumentar o a disminuir?, deberá ser cambiado solamente en una parte del programa.

La desventaja de la definición de constantes con define es que el compilador del tipo de la constante no se conoce. Esto puede producir errores que no se descubren hasta que se ejecuta del programa. Con el estándar ANSI, puede declarar una variable constante con la palabra clave const. En los compiladores más recientes, como GCC 4.3, la variable constante con **const** siempre es preferible, ya que permite una mejor optimización del código del compilador.

El comando const declara una constante, o nombres asignados permanentemente a los valores.

También puede utilizar la directiva #define para obtener el mismo resultado, pero en general es preferible el uso de const.

Las variables const también se utilizan como parámetros de las funciones para asegurarse de que dentro de la función el valor de una variable no se puede cambiar.

const int diez = 10;
printf ("El número es %d" , diez);

También pueden declarar punteros constantes. Lo interesante es cómo el comportamiento varía en función de si el puntero const está modificado antes o después de |'*. En este caso, si es anterior, el puntero no cambia el área de la memoria, pero puede moverse libremente en ella, si es a continuación, puede cambiar el área de la memoria, pero no se puede mover, se comporta como un array.

volatile

La palabra clave volatile indica al compilador que el valor de la variable correspondiente puede ser modificado por eventos fuera del flujo secuencial normal de la ejecución de la instrucción.

En condiciones normales, un compilador puede optimizar una secuencia de accesos de lectura consecutivas a una variable sin tener que hacer la escritura intermedia producida con un código ejecutable que recupera el valor de la memoria una vez, colocándolo en uno de los registros del procesador, y luego volver a utilizar dicho registro para asegurarse que este siga conteniendo el valor correcto.

La opción volatile elimina tal certeza, en el hecho de forzar al compilador para producir código que lee el valor de la variable de la memoria en cada acceso de lectura, ya que no hay garantía de que este se mantenga sin cambios.

volatile int MiVariable = 14;

static

La palabra clave static tiene un doble significado en C. En el contexto de una declaración de variable dentro de una función es la palabra clave que dice que esta variable se almacena en una dirección de memoria fija. Esto se traduce en la posibilidad de que una función con variables estáticas, pueda usar la misma información varias veces, ya que se almacena en las variables (tales como en una memoria).

Es una variable que permanece en la memoria static. Si se declara una variable static dentro de una función, se mantendrá su valor, incluso cuando finalice la ejecución de la función. Si se invoca de nuevo la misma función, la variable static todavía tendrá el valor presente en la salida de la función anterior.

El modificador static adquiere un segundo significado si la variable se define en el nivel raíz del archivo (fuera de cualquier función).

En ese caso, no sólo indica que su existencia en la memoria es válida en toda la ejecución del programa, sino que también indica que su *visibilidad* se restringe dentro del módulo (archivo). Ningún otro módulo del programa puede ser referenciado por el modificador extern.

Esto le permite tener variables con el mismo nombre, que se especifican en diferentes módulos, y que no tengan ningún conflicto entre ellos: cada uno será visible sólo en su módulo.

auto

La clase de almacenamiento auto indica que una variable puede ser asignada en la memoria de forma automática por el compilador. Este tipo de almacenamiento sólo tiene sentido dentro de una función.

Su uso se ha degradado rápidamente con el tiempo, como es el tipo de almacenamiento predeterminado dentro de las funciones, ya no es necesario tener que especificarlo.

extern

La clase de almacenamiento extern indica que una variable se define externamente al módulo, fuera del módulo.

La definición extern tiene por objeto informar al compilador que todas las referencias a la variable deben estar establecidas y finalmente resueltas sólo en la fase final de linking.

extern int n;
/ * Uso interno al módulo, definición externa * /

register

Esta palabra clave es una receta de optimización para el compilador. La finalidad de **register** es decirle al compilador que utilice como se indica una variable que se usa con frecuencia y que sería mejor que la guarde directamente en un registro del procesador.

Normalmente las variables en la pila se almacenan. Sin embargo, los registros pueden ser leídos y escritos mucho más rápidamente que la pila. El compilador puede generar código muy eficiente cuando sabe que puede guardar la variable en los registros del procesador.

Los compiladores modernos suelen ser inteligentes y pueden omitir la clave de registro con seguridad. En general, es mucho mejor dejar la optimización del código completo para el compilador.

Además, debe tener en cuenta que la palabra clave del índice puede ser ignorado por el compilador. El compilador no está obligado a guardar una variable en un registro del procesador.

Otro efecto de la palabra clave **register** es que no es posible acceder a la dirección de un registro de las variables calificadas. Esto se aplica independientemente de que si las variables se colocan realmente en un registro o no. Si el compilador aún no ha declarado la variable en un registro, el programador no podrá acceder a la dirección de memoria de las variables con un puntero.

El modificador **register** indica que el uso de una variable es crítico para el tiempo de ejecución del programa: su acceso deberá ser lo más rápido que sea posible, con el almacenamiento directo en un registro de CPU u otros métodos que pueden acelerar el acceso. Este comando puede ser ignorado por el compilador si no hay registros libres en la CPU (en un contexto de ejecución en el que la variable es visible), o si los registros que se han liberado no tienen el tamaño suficiente para contener el tipo de datos.

register int i = 1;
for (i = 1 , i <= 10 , i + +)
printf ("El número es %d \n " , i);

Cabe señalar que, en los compiladores modernos, donde el uso de los recursos de CPU ya hace la mayor parte del trabajo, el uso de este especificador suele ser a menudo redundante.

long

El modificador de long puede ser utilizado tanto como un modificador de algunos tipos básicos (aumentando el espacio asignado a la variable), como directamente como un tipo de datos, que se aplica por defecto al tipo int.

Por ejemplo, con

long int a,
long b;

Las dos variables tienen las mismas dimensiones, tales como el espacio de almacenamiento (hasta dos veces el tamaño del tipo int, por lo tanto, podría representar un rango más amplio de valores).

La relación entre las variables int y long depende de la implementación del compilador en los sistemas de a 8/16 bits ya que puede haber casos en los que int tiene una representación de 16 bits y long de 32 bits, mientras que en los sistemas de 32 bits no es raro encontrar que tanto int como long sean de 32 bits.

Algunas implementaciones permiten la doble especificación de long, de nuevo aumentando el tamaño de algunos tipos de datos, por ejemplo:

long long foo;   / * Variable de 64 bits * /

short

El modificador short puede ser utilizado tanto como un modificador de algunos tipos básicos (la reducción del espacio asignado a la variable), como directamente como un tipo de datos, que se aplica por defecto al tipo int.

Por ejemplo, en el caso

short int a,
short b;

Las dos variables tienen las mismas dimensiones, de una manera similar a las consideraciones para El modificador de largo.

signed

El modificador de signed indica que una variable dada debe ser tratada como positivo o negativo, en los cálculos aritméticos. Puede ser utilizado tanto como un modificador de algunos tipos básicos, como directamente como un tipo de datos, que se aplica por defecto al tipo int.

Por ejemplo, en el caso

int a ,
signed int b;
signed c;

Las tres variables son equivalentes en tamaño y funcionalidad.

unsigneddr

El modificador unsigned indica que una variable dada siempre se debe de tratar como un valor positivo en los cálculos aritméticos. Puede ser utilizado tanto como un modificador de algunos tipos básicos, como directamente como un tipo de datos, que se aplica por defecto el tipo int.

Por ejemplo, en el caso

unsigned int a ,
unsigned b;

Las dos variables son equivalentes en tamaño y funcionalidad.

Uno de los propósitos más comunes en el tratamiento de las variables *unsigned* (es decir, siempre como valores positivos o cero) es ampliar la gama de valores en el rango positivo para las cantidades numéricas que no requieren de representación negativa. Una variable int de 32 bits puede variar numéricamente de

-2147483648 hasta 2147.483647 millones, mientras que si se declara int unsigned puede variar de 0 hasta 4294967295.

Los **operadores aritméticos** del lenguaje C son los siguientes:

+ (adición);

- (sustracción);

* (multiplicación);

/ (división);

\ (división entera);

% (módulo: devuelve el resto de una división entera);

+ (unario +);

- (- negativo);

++ (incremento de la variable numérica en 1);

-- (disminuir la variable numérica en 1);

= (asigna el valor de la variable de derecha a izquierda);

Cada operador devuelve el resultado. Por lo tanto, puede realizar múltiples tareas:

int a , b ,
a = b = 14 + 34, // a y b son ambos iguales a 48

Ejemplos de uso

int c , d ,
c = d = 98,
C++,

d -;
printf ("%c es igual a d, d es igual a %d" , c , d);

Este programa le dará: c es igual a 99, d es igual a 97.

LOS OPERADORES INCREMENTAR Y DISMINUIR

El operador de incremento ++ y de disminuir -- tienen un significado diferente cuando se utiliza a la izquierda o a la derecha de la variable que desea editar.

De hecho, si se coloca a la izquierda de la variable, estos operadores devolverán el valor de la expresión antes y después de la modificación. En cambio, si se coloca a la derecha, primero devuelve el valor de la expresión de la variable y luego la modifica.

Por ejemplo:

int a = 5 , b;
b = ++ a; // B será igual a 6, como un archivo.
int a = 5 , b ,
b = a ++; // B será igual a 5, mientras que una será igual a 6.

C está equipado con muchos operadores a nivel de bits. Estas operaciones se pueden realizar sólo en los tipos int y char, incluyendo las variantes obtenidas con los modificadores long, short, signed y unsigned.

Aquí están los operadores:

| OR;

& AND;

^ XOR;

<< Desplazarse hacia la izquierda;

>> desplazarse hacia la derecha;

~ Complemento.

AND, OR y XOR

Los operadores OR y AND tienen la misma función que los operadores lógicos, la diferencia es que éstos funcionan en bits.

Se añadió XOR (O exclusivo), que devuelve verdadero sólo si un operando es verdadero. Cómo funciona:

a	b	c = a ^ b
0	0	0
0	1	1
1	0	1
1	1	0

Ejemplos

OR

int a = 147 ,
int b = 97 ,
int c = a | b; // O
printf ("c es igual a %d" , c);

El resultado es: c es igual a 243, debido a que:

128	64	32	16	8	4	2	1
1	0	0	1	0	0	1	1
0	1	1	0	0	0	0	1
1	1	1	1	0	0	1	1

AND

int a = 147 ,
int b = 97 ,
int c = a y b; // Y
printf ("c es igual a %d" , c);

El resultado será: c es igual a 1, debido a que:

128	64	32	16	8	4	2	1
1	0	0	1	0	0	1	1
0	1	1	0	0	0	0	1
0	0	0	0	0	0	0	1

XOR

int a = 147 ,
int b = 97 ,
int c = a ^ b; // XOR
printf ("c es igual a %d" , c);

El resultado es: c es igual a 242, debido a que:

128	64	32	16	8	4	2	1
1	0	0	1	0	0	1	1
0	1	1	0	0	0	0	1
1	1	1	1	0	0	1	0

Desplazarse hacia la derecha, hacia la izquierda y el complemento a uno

Los operadores de desplazamiento a la izquierda y a la derecha desplazan los bits de la variable especificada en el primer operando a la derecha o a la izquierda el número de veces especificado en el segundo operando. Los bits filtrados que no encajen en el otro extremo se perderán.

El complemento a uno, sin embargo, tiene un funcionamiento muy simple. Invierte los bits, transforma el 1 en 0 y el 0 en 1.

Ejemplos

Desplazar hacia la izquierda

int a = 42;
int c = a << 1; // desplazar a la izquierda
printf ("c es igual a %d" , c);

El resultado es: c es igual a 84, debido a que:

128	64	32	16	8	4	2	1
0	0	1	0	1	0	1	0
0	1	0	1	0	1	0	0

Desplazar hacia la derecha

int a = 42;
int c = a >> 1; // desplazamiento hacia la derecha
printf ("c es igual a %d" , c);

El resultado es: c es igual a 21, debido a que:

128	64	32	16	8	4	2	1
0	0	1	0	1	0	1	0
0	0	0	1	0	1	0	1

Complemento a uno

#Include
#include stdlib.h

```
int Main (void)
{
signo  char i = 10;
unsigned  char j = ~i;
printf ("%u" , j);
}
```

El resultado será 245, debido a que:

128	64	32	16	8	4	2	1
0	0	0	0	1	0	1	0

1	1	1	1	0	1	0	1

Hay dos tipos de constantes: las constantes declaradas (o literales) y las constantes simbólicas.

CONSTANTES

Las constantes evidentes usted declara lo siguiente:

#Define CONSTANTE [secuencia_de_caracteres]

Lo que se obtiene es el reemplazo del nombre de la fuente que ha especificado en la secuencia de caracteres que le sigue. Observe el siguiente ejemplo:

#Define SALUDO Hola, ¿Cómo estás?

En este caso, se declara la constante SALUDO para que, en todas las apariciones del nombre de la constante, con posterioridad a su declaración, puedan ser sustituidos por "Hola ¿Cómo estás?" Es muy importante entender esto en particular: todo lo que aparece después del nombre de la macro, aparte del espacio que los separa, se utiliza en la sustitución. Veamos un ejemplo:

```
#Include
#define SALUDO "Hola ¿Cómo estás? \n"
int Main (void)
{
   printf (SALUDO);
   return  0;
}
```

En este caso, SALUDO se puede utilizar en un contexto en el que se espera una cadena literal, ya que incluye comillas dobles que son las necesarias para este fin. En el ejemplo vemos el uso de la macro-variable como el argumento de la función printf () y el resultado del programa es el siguiente mensaje:

Hola! ¿Cómo estás?

Vale la pena señalar que la sustitución de variables de la macro no sucede si sus nombres aparecen entre comillas, o dentro de los literales de cadena. Observe el siguiente ejemplo:

```
#Include
#define HOLA Hola! ¿Cómo estás?
int Main (void)
{
   printf ("SALUDO \n ");
   return  0;
}
```

En este caso, la función printf () muestra sólo la palabra SALUDO y no se produce la expansión macro:

SALUDO

Una vez que entienda el mecanismo básico de la directiva #define podrá ver que esto se puede utilizar de una manera más compleja, en referencia también a otras macros ya definidas:

```
#Define UNO 1
#Define DOS UNO + UNO
```

#Define TRES DOS + UNO

En presencia de una situación como esta, utilizando la macro TRES, se obtiene la primera sustitución con DOS + UNO, luego con UNO + UNO + 1, finalmente con 1 +1 +1, (después, le toca al compilador).

Tradicionalmente, los nombres de las constantes declaradas se definen usando sólo letras mayúsculas, para que se pueden distinguir fácilmente la fuente.

Como verá con más detalle más adelante, también tiene sentido declarar una macro sin ningún tipo de correspondencia. En la definición de una macro-variable puede aparecer el operador ##, con el objetivo de atacar a lo que se encuentra en sus extremos. Observe el siguiente ejemplo:

```
#Include
#define UNION #123 #456
int Main (void)
{
    printf ("%d \n " , UNION) ,
    return 0;
}
```

LAS CONSTANTES SIMBÓLICAS

En la práctica se trata de las variables que están sujetas al modificador *const*. Obviamente, se debe de inicializar como parte de su declaración. En el ejemplo siguiente se declara la constante simbólica **e** y el número:

const float e = 2.71828183;

Las constantes simbólicas de este tipo son las variables por las cuales el compilador no puede realizar modificaciones, por lo que el programa ejecutable que se obtiene podría organizarse de tal manera que podría cargar estos datos en múltiples tracks de la memoria quedando estos con el permiso de sólo lectura.

BLOQUES Y FUNCIONES

VERDADERO O FALSO EN C

Antes de poder utilizar los bloques sería bueno conocer lo que significa para C verdadero o falso.

- Una expresión de C se considera falsa si su valor es igual a cero binario y cierto si su valor binario es distinto de cero.
- La operadores lógicos (==, !=, < , <= , > , >=) convierten en uno si la expresión lógica es verdadera, y en cero si la expresión lógica es falsa.

Por lo general, cualquier declaración de C (asignación/lógica/matemática/variable) siempre devuelve un resultado, por lo que se puede evaluar en términos de verdadero/falso. Por ejemplo, la instrucción de asignación a = 3, es verdadero (ya que el valor devuelto es 3), mientras que b = 0 es falso (el valor devuelto es 0).

EL BLOQUE IF

La sentencia if ejecuta una acción si la condición especificada entre paréntesis, es verdadera.

Bloque Simple if

Esta declaración simplemente ejecuta una instrucción si la expresión especificada es verdadera. La expresión está *siempre* encerrada entre paréntesis.

Sintaxis

if (expresión)

sentencia;

o si lo desea también puede ejecutar más instrucciones en un bloque.

if (expresión)
{
  instruccion1;
  sentencia2;
  instruccionN;
}

Ejemplos de uso

if ((c + b / 7) == 45)
{
myvar = 14;
printf ("c + b / 7 es igual a 45");
}

Bloque if-else

Si la condición es cierta, se ejecutan las instrucciones especificadas por el RU, si es falsa los especificados por el bloque else.

Sintaxis

if (condición)
{
  *sentencia / * se ejecuta si la condición es verdadera * /*
}
else
{
  *declaración / * se ejecuta si la condición es False * /*
}
Ejemplos de uso

if ((c + b / 7) == 45)
{

```
myvar = 14;
printf ("c + b / 7 es igual a 45");
}
else
{
myvar = 7;
printf ("c + b / 7 no es igual a 45 ");
}
```

Bloques if-else

Si la condición especificada en el **if** es verdadera, se ejecutan las instrucciones indicadas en el **if**, de lo contrario, se ejecutarán las instrucciones indicadas en el **else if**. Si ninguna de las expresiones es cierta, se ejecutan las instrucciones especificadas en el **else**.

Sintaxis

```
if (condición1)
{
  sentencia / * se ejecuta si condición1 es verdadera * /
}
else if (condición2)
{
  / * se ejecuta si condición2 es verdadera * /
}
else if (condiciónN)
{
  / * se ejecuta si la condiciónN es verdadera * /
}
else
{
  declaración / * se ejecuta si ninguna condición es verdadera * /
}
```

Ejemplos de uso

```
int mivar ,
if ((c + b / 7) == 45)
{
 myvar = 14;
 printf ("c + b / 7 es igual a 45");
}
else if ((c + b / 7) == 47)
{
 myvar = 15;
 printf ("c + b / 7 es igual a 47");
}
else
{
 myvar = 0;
 printf ("Los números introducidos no son válidos.");
}
```

EL OPERADOR ?

El bloque if-else puede ser sustituido por el operador ?. Por ejemplo:

```
((c + b / 7) == 45) ? myvar = 14 : myvar = 7;
```

Esto es equivalente al segundo ejemplo (a excepción de printf). Otro uso posible es la asignación condicional:

```
i = j <10? 5: 6;
```

que es equivalente a:

```
if (j <10) i = 5;
else i = 6
```

El bloque switch le permite *seleccionar* la instrucción que se ejecutará de acuerdo a una variable.

Bloque Switch simple

Este bloque sólo tiene que seleccionar una instrucción de las propuestas sobre la base de una variable. La instrucción **break** interrumpe la ejecución del bloque **switch**, por lo que sale inmediatamente del bloque cuando la condición es verdadera. La sentencia **break** es opcional, a continuación, veamos unos ejemplos:

Sintaxis

```
switch (variables)
{
case valor1:
// instruccion1
break;

case valor2:
// sentencia2
break;

case valorN:
// instruccionN
break;
}
```

Ejemplos de uso

```
switch (myVar)
{
case 1:
printf ("myVar es igual a 1");
break;
```

```
    case  2:
    printf ("myVar es igual a 2");
    break;
}
switch  (myVar)
{
  case  1:
  case  2:
  printf ("myVar es igual a 1 ó 2");
  break;
  case  3:
  printf ("myVar es igual a 3");
  // Case en el caso 4
  case  4:
  printf ("miVar es igual a 3 o 4");
  break;
}
```

Después del último case, la instrucción "break" ya no sirve para nada, pero es mejor ponerla para evitar errores en el caso de la adición de otros case.

Casi siempre, antes de la palabra "case", se encuentra:

Otros "case".

La instrucción "break" o "return" o "continue" o "Goto" (que no es muy recomendable), para salir del bloque "switch".

En este ejemplo, las instrucciones se ejecutan si miVar es igual a 1 o 2.

Instrucción switch-case-default

Es igual al anterior bloque, excepto que, si ninguna de las condiciones es verdadera, se ejecuta sentencia si especificado por default.

```
int Main (void)
{
int elección;

printf ("Introduzca una elección:");
scanf ("%d", y elección);

switch (opción) {
    case   1: printf ("Opción 1 \n ");      break,
    case   2: printf ("Opción 2 \n ");      break,
    case   3: printf ("Opción 3 \n ");      break;
    default: printf ("Otra opción \n "); break;
}

return  0;
}
```

OPERADORES LÓGICOS

NOT !

Este operador invierte el resultado de una expresión: si el valor retorna verdadero devuelve falso, y viceversa. El archivo *stdbool.h* define las macros **true** y **false**.

resultado = !true; // devolverá FALSE o 0

AND &&

Este operador devuelve true si ambas expresiones son verdaderas, false en caso contrario.

resultado = true && false; // devolverá FALSE o 0

OR ||

Este operador devuelve true si al menos una de las dos expresiones es verdadera, en caso contrario devuelve false.

resultado = true || false; // devuelve true o 1

El lenguaje C no tiene el operador XOR.

==

Este operador devuelve true si las dos expresiones son iguales.

!=

Este operador devuelve true si ambas expresiones son diferentes.

EVALUACIÓN "shortcircuit"

Una gran característica de los operadores lógicos && y || es que sólo evalúan los operandos realmente necesarios para determinar el resultado.

resultado = f (a) && g (++ b);
// si f (a) == false, g (++ b) no será evaluada

Al examinar esta expresión, en primer lugar, se evalúa f (a). Si la expresión f (a) da como resultado un valor de false, g ni siquiera se puede llamar (incrementar el valor b).

BUCLES Y CONDICIONALES

WHILE

El bucle while repite las instrucciones hasta que la expresión especificada sea verdadera.

La condición se comprueba al principio del bucle, esto significa que si la expresión es falsa, las instrucciones del bucle no se ejecutarán ni siquiera una vez.

Sintaxis
while (expresión)
 sentencia;

while (expresión)
{
 instruccion1;
 sentencia2;
 instruccionN;
}

Ejemplos de uso
int i = 10;
while (i =! 0) // Mientras 'i' es igual a 0. También puede escribir simplemente while (i)
{
printf ("El número es:%d \n " , i);
i -;
}

DO-WHILE

El bucle do-while, al igual que el bucle while, repita las instrucciones hasta que de la condición sea verdadera.

Las declaraciones en el bloque, sin embargo, se ejecutan al menos una vez porque la condición se comprueba al final.

Sintaxis
```
do
{
 instruccion1;
 sentencia2;
 instruccionN;
} while (expresión);
```

Ejemplos de uso
```
int i = 10;
do
{
printf ("El número es %d \n " , i);
i -;
} while (i > 0);
```

FOR

El bucle for repite un bloque de instrucciones mientras la condición especificada es verdadera.

- La condición se comprueba al principio.
- Puede omitir cualquier declaración en el bucle.

Sintaxis

```
for(instruccion_de_inicializacion_de_la_variable;      expresion;
instruccion_de_modificacion_de_la_variable)
  instruccion;
```

```
for(instruccion_de_inicializacion_de_la_variable;      expresion;
instruccion_de_modificacion_de_la_variable)
{
```

```
instruccion1;
instruccion2;
instruccionN;
}
```

La instrucción de inicialización le permite establecer un valor inicial a las variables que se van utilizar en el bucle. La instrucción de modificación de variables permite aumentar (o disminuir) las variables utilizadas en el bucle.

Ejemplos de uso

```
int i;
for (i = 1 , i <= 10 , i + +)
{
printf ("El número es %d \n " , i);
}

for (; ;)
{
printf ("bucle sin fin \n "); . / * No utilizar en aplicaciones como esta, sería el bloque * /
}
```

LAS INSTRUCCIONES BREAK Y CONTINUE

Si se introduce un break dentro de un bucle, esta finalizará. La aplicación continuará a partir de la primera instrucción fuera del bucle.

Ejemplo:

```
while (1) { // Se repite siempre
if ((random () %10)  ==  4)
  break;
}
```

Este programa terminará sólo cuando el generador de números aleatorios sea igual a 4.

Si inserta la instrucción continue en un bucle, se saltará a la siguiente iteración.

Ejemplo:

```
int i = 0;
for (i = 0; i <= 10 , i + +) {
  if (i == 4) // El 4 se debe omitir
   continue;
  printf ("El número es %d" , i);
}
```

El lenguaje C permite descomponer el código en subpartes que se pueden volver a utilizar más tarde. Esta funcionalidad está disponible mediante las funciones.

PROTOTYPE

Para poder utilizar una función, debe definir el prototipo, es decir, el nombre, el tipo del valor de retorno y el tipo de los argumentos. La sintaxis de un prototipo es la siguiente:

return_type nombre_funcion (lista_tipo_argumentos);

Donde return_type es uno de los tipos básicos o uno de los tipos definidos por el programador y lo mismo pasa con la lista de los tipos de argumentos. La lista de los tipos de argumentos puede ser sustituida por la palabra *void* para indicar que la función no tiene argumentos o de que se compone de al menos un tipo y en último lugar... para indicar que sigue un número variable de argumentos, veamos un ejemplo:

return_type nombre_funcion (tipo 1, tipo 2,...);

El prototipo de la función debe ser puesto antes de la función *main*, la función puede ser llamada en cualquier momento en el archivo de origen, la propia definición de la función se puede colocar en cualquier lugar de su fuente externa de otras funciones y, en todo caso, después de los prototipos, pero como práctica general, se suele poner después de la función main.

DEFINICIÓN DE FUNCIONES

Las funciones en C se definen de la siguiente manera:

función de tipo (tipo 1 par1 ,... , TipoN ParN)
{
*   instruccion1;*
*   ...*
*   instruccionN;*

*   return valor_devuelto;*

}

Si el tipo del valor de retorno es void, indica que no hay ningún valor devuelto.

En este caso, la instrucción return es opcional. Se puede utilizar para una salida temprana, es decir, para detener la función antes de llegar hasta el final.

Si la función se declara para devolver void, no devuelve ningún valor: la instrucción return de las funciones que se convierten en un void no permite parámetros.

La norma establece que una función que no tiene argumentos entre paréntesis en la declaración debe de tener la palabra void, a continuación, para llamar a esta función se escribe el nombre seguido de un par de paréntesis que abre y cierra: void().

La definición también puede servir como un prototipo si se colocan antes de la función principal y el primer prototipo de una función que hace uso de ella.

Ejemplo:

```
int suma (int a ,  int b)  // prototipo y definición
{
    return a + b;
}
void mensaje (void)
{
    printf ("El resultado es: \n ");
}
int Main (void)
{
    int a , b , c ,
    a = b =  2 ,
    c = suma (a , b) ,
    mensaje ();
    printf ("%d" , c);
```

```
}
```

El resultado es:

El resultado es
4

Main es la función principal, esta es llamada cuando se inicia el programa.

La función main es la función que se lleva a cabo al principio del programa. Puede tomar argumentos y debe devolver un valor.

Ninguna otra función del programa puede tener el nombre main.

DEVOLVER UN VALOR

Por convención, es habitual devolver a la función main el valor de 0 si la ejecución se llevó a cabo de una manera adecuada y un valor distinto de cero para representar un código de error en caso de que la ejecución no tuviera éxito. El standard (C99) prevé la posibilidad de omitir un valor de retorno, en cuyo caso se devolverá 0 de manera implícita.

Por ejemplo:

```
#Include
#include stdlib.h

int Main (void)
{
    int a = rand () ,
    if (a > 10)
        return  1;  // ¡Error
    return  0;
}
```

Este sencillo programa devolverá 1 si el número aleatorio es mayor que 10, y 0 si es menor que o igual a 10. También puede utilizar la función exit (int valor) para devolver un valor:

```
#Include
#include stdlib.h

int Main (void)
{
    int a = rand () ,
    if (a > 10)
        exit (1);  // ¡Error
    exit (0);
}
```

PASAR PARÁMETROS

La norma define dos declaraciones de la función main:

int Main (void)

y

int Main (int argc , caracteres *argv [ ])

El primero se utiliza cuando no afecta a la línea de comandos, el segundo lo contrario. En cuanto a la segunda asignación, el primer parámetro indica el número de argumentos pasados al programa (incluyendo el nombre del programa), el segundo contiene todos los argumentos en forma de cadenas (el nombre del programa corresponde a argv [0]).

A veces también se incluye un tercer argumento (no es requerido por la norma) envp con la misma sintaxis que argv , esta matriz contiene las variables de entorno.

Sin embargo, es posible utilizar otros nombres para los 2 argumentos de main ().

Para pasar parámetros a un programa lo hacemos a través de la invocación de la línea de comandos. De hecho, es suficiente con escribir el nombre del programa y pasarle los valores, separados por un espacio. Los argumentos se tratan como cadenas, en particular, la primera posición del array argv será una cadena que contiene el nombre del programa ejecutado. En caso de que sea necesario cambiar los parámetros del programa a otros tipos base, será necesario realizar una conversión.

```
#Include
#include stdlib.h
int Main (int argc , caracteres *argv [ ])
{
    int i;
    printf (". En este programa se han pasado%d argumentos \n " ,
argc - 1) ,
    for (i = 1 , i < argc; i + +)
        printf ("El parámetro #%d es%s. \n " , i , argv [ i ]);
    system ("pause");
    return  0;
}
```

Si este programa se llama foo , el comando foo hola adios devolverá:

- En este programa se han pasado 2 argumentos.
- El 1er parámetro es hola.
- El segundo parámetro es adios.

BIBLIOTECAS

En el lenguaje C, como en la mayoría de los lenguajes de alto nivel, existen las **bibliotecas**, que son una colección de funciones precompiladas que pueden ser incorporadas al programa que se está creando para explotar su funcionalidad.

Declaración de uso

El entorno de desarrollo está provisto de un conjunto de bibliotecas estándar, pero cada usuario puede crear su propia colección de bibliotecas para poder utilizar en sus programas. Para incorporar una biblioteca a un programa debe especificar en el código su uso a través de la cláusula *#include <nombrelibreria.h>,* entonces el archivo .h (de *header*, cabecera), que es el archivo de texto que contiene la información sobre las características y las variables contenidas en el código, se incluye junto con el archivo fuente que se suministra al compilador.

Conexión de una biblioteca

Durante la compilación, el código de la biblioteca está conectado al código del programa del usuario y las funciones de la biblioteca estarán accesibles a partir la compilación.

En el lenguaje C, la cadena no está definida, pero se creó una biblioteca que lo implementa, y esta está conectada a través de la cabecera string.h. Existen otras bibliotecas como math.h, stdio.h. Los corchetes angulares se utilizan para buscar la biblioteca en un directorio estándar, se debe de proporcionar la ruta completa antes del nombre de la biblioteca, sin paréntesis (por ejemplo, *"c:\lenguaje_C\milib\milibreria.h"*)

RECURSIVIDAD

Visualmente, una función es recursiva si aparece dentro de una llamada para sí misma.

Usted puede escribir un procedimiento recursivo cuando:

- Usted está solucionando un problema con un método inductivo.
- Usted está calculando una función a través de su definición inductiva

Las funciones recursivas se dividen en dos partes:

- Base de recursividad
- Paso de la recursividad

BASE DE RECURSIVIDAD

La solución del problema de una dimensión más pequeña para el que se define es por lo general la solución inmediata.

Ejemplo:

Para obtener el factorial del término mínimo es de "0! = 1", el primer control será si el número es igual a 0, devolverá el valor 1.

Paso de recursión

La solución del problema de una dimensión $N°$ expresado en términos de la solución del problema de dimensión más pequeña.

Ejemplo:

N! = N * (N - 1)!

Ejemplos

Factorial de un número (no recursiva):

```
int Dif. (int n) {
  int F = 1,
  for  (; N > = 1 , N -)
    F * = N,
  return F;
}
```

Factorial de un número (versión recursiva):

```
int fattr (int n) {
  if (N == 0)  return  1; / *bASE de la recursividad * /
  return N * fattr (N - 1); / * paso de recursión * /
}
// El mismo código en la versión más "pequeño y críptico
int fattr (int n) {
  return N ? N * fattr (N - 1) :  1;
}
```

Algoritmo que genera la secuencia de Fibonacci:

```
int FIBOR (int n) {
  if (N ==  1  || N ==  2)  return  1; / *bASE de la recursividad
* /
  return FIBOR (N - 1)  + FIBOR (N - 2); / * paso de recursión
* /
}
```

PROBLEMAS DEBIDOS A ERRORES

Cualquier problema debido a los errores de escritura de un algoritmo podría causar errores tales como el desbordamiento de la pila, que es un uso excesivo de la zona de memoria asignada al programa a ser ejecutado. Esto puede producir el cierre prematuro de la aplicación.

ARRAYS Y PUNTEROS

Esta sección trata los **arrays** y **los punteros**. Estas son las sub-secciones:

- Arrays
- Punteros
- Intercambiabilidad entre punteros y arrays

En lenguaje C las **matrices (arrays)** son estructuras de datos que contienen un número de elementos. Cada elemento de una matriz debe ser tratada de la misma manera que una variable y por lo tanto contiene un único elemento de datos.

CARACTERÍSTICAS

En C, a diferencia de algunos lenguajes de programación de alto nivel, cada matriz se caracteriza por un único tipo de datos y de un número fijo de elementos (definida en el momento de la creación de la matriz).

Por ejemplo, puede definir una matriz de enteros (int) que consta de 20 artículos. Esta matriz contendrá los datos que no son números enteros o puede contener más de 20 elementos. (Vea la sección Buffer overflow)

Cada elemento de la matriz se identifica por un índice, que es un número entero que representa la posición de este elemento en la matriz. El rango de índices es desde el 0 al número de elementos de la matriz reducido en uno. Así que el primer elemento será identificado por el índice 0, el segundo por el índice 1, el tercero por el índice 2 y así sucesivamente. En C, no se puede obligar a un elemento de un índice de matriz que no sea un número entero (es decir, no se pueden crear matrices asociativas).

Para declarar un array (asignar memoria en la pila) en C usamos la siguiente sintaxis:

tipo nombre [número de elementos];

Por ejemplo el código

int myarray [10];

define una matriz denominada *myarray* y se compone de 10 elementos de tipo entero (*int*).

Para construir un array similar alojado dinámicamente en la memoria heap en C, deberá escribir algo similar a esto:

int * myarray = (int *) malloc (sizeof (int) * dim);

donde *dim* también se conoce como tiempo de ejecución.

Para acceder a un elemento de una matriz, utilice la siguiente sintaxis:

nombre [índice]
Por ejemplo el código

myarray [4] = 1;

cambia el quinto elemento de la matriz myarray insertando el valor 1.

También puede inicializar la declaración:

int arr [3] = { 1 , 2 , 3 };

habría que producir un array de la siguiente manera:

arr [0]	1
arr [1]	2
arr [2]	3

Para crear matrices multidimensionales se escribe esto:

int arr [3] [3];

Esta instrucción podría producir una serie como esta:

	0	*1*	*2*
0	*arr [0] [0]*	*arr [0] [1]*	*arr [0] [2]*
1	*arr [1] [0]*	*arr [1] [1]*	*arr [1] [2]*
2	*arr [2] [0]*	*arr [2] [1]*	*arr [2] [2]*

en general un array N-dimensional se declara:

Nombre_array tipo [e1]... [eN];
donde e1... eN son el tamaño de cada dimensión, que es equivalente al array unidimensional:

Nombre_array tipo [e1 ×... × eN];
es decir, el array de tamaño e1 ×... × eN.

Inicializar una matriz multidimensional

Una matriz multidimensional se inicializa con la siguiente sintaxis:

Tipo V [e1]... [eN] = {
        {...
        {N1},..., {ni} (N-1)
        21},..., {} 2e1
        1};

donde con {}N ha indicado el par de llaves dentro de la cual hay inicializadores relacionados con dimensiones N. Para entender mejor esto veamos este ejemplo:

int V [2] [2] = {
        {1,2},
        {3,4}
        };
int V [2] [2] [2] = {
                {
                {1,2},
                {3,4}
                },
                {
                {5,6},
                {7,8}
                },
                };

Si se omiten los últimos inicializadores a continuación la implicación será 0, y se puede utilizar una sintaxis simplificada teniendo como con un array unidimensional:

Tipo de v [e1]... [eN] = {lista de todos los e1 e2 × ×... × eN inicializadores};

en el caso de una matriz de enteros:

int M [2] [3] = {1,2,3,4,5,6};

Saltar los últimos inicializadores se entiende que:

int M [3] [3] = {0,0,1,
0,1,0,
1};

que define la matriz:

0 0 1
0 1 0
1 0 0

Con esta función, puede inicializar a 0 todos los elementos de un array N dimensional con la siguiente sintaxis:

Tipo V [e1]... [IN] = {0};

Arrays dinámicos

La última norma ISO (**C99**) da la posibilidad de declarar arrays de longitud variable, es decir, el tamaño del array es una variable. He aquí un ejemplo:

// se permite este comentario en C99.

#Include

int Main (void) {
int Mon;

scanf ("%d" , y vie); // leer Mon

int array [Lu];   // declaración dentro del código. C99.
// return 0 implícita característica C99.
}

Asignación

Se puede asignar un valor a un elemento de un array. Especificando el índice entre corchetes:

```
/ * C89. Compatible con los compiladores * /
int Main (void)
{
    int arr [ 3 ];

    arr [ 0 ] = 1;
    arr [ 1 ] = 2;
    arr [ 2 ] = 3;
    return  0;
}
```

ACCESO

Para acceder a un elemento de una matriz se especifica el índice
entre corchetes:

```
/ * C89. * /
#include

int Main (void) {
    int i , j , arr [ 3 ] = { 7 , 8 , 9 } , M [ 2 ] [ 3 ] = { 1 , 2 , 3 , 4 , 5
, 6 };

    for (i = 0; i < 3 , i + +)
        printf ("arr [%d] =%d" , i , arr [ i ]);
    printf (" \n M = \n ");
    for  (el = 0; i < 2 , i + +) {
        for  (j = 0 , j < 3 , j + +)
            printf ("%d" , M [ i ] [ j ]);
        printf (" \n ");
    }
    return  0;
}
```

El resultado del programa es:

arr [0] = 7 arr [1] = 8 arr [2] = 9
M =
1 2 3
4 5 6

ARRAYS Y PUNTEROS

En C hay una relación muy estrecha entre los arrays y los punteros. De hecho, el nombre asociado a una matriz representa a un puntero en el primer elemento de la matriz.

Veamos el siguiente código:

int a [10] ,
*int * p;*

p = un; / *asigna puntero de p para la dirección del primer elemento de un * /

a [0] = 1 ,
p [0] = 1;
* un = 1;
* p = 1;
/ *asigna todo 1 al primer elemento de la matriz * /

a [4] = 1 ,
p [4] = 1;
* (un + 4) = 1;
* (p + 4) = 1;
/ *asigna todo 1 al quinto elemento de la matriz * /

DESBORDAMIENTO DE BÚFER

Cuando usted va a un lugar en la matriz más allá de sus límites (por ejemplo, accediendo al elemento 11 en una matriz de 10 elementos), se encuentra con el **desbordamiento de búfer**, que está leyendo o escribiendo datos en una ubicación de memoria que no pertenece a la matriz. Los lenguajes C y C++, no proporcionan ningún tipo de control sobre el tamaño de la matriz en tiempo de ejecución.

A menudo, el desbordamiento del búfer es causada por los datos incorrectos que se reciben en la entrada y que conduce a una interrupción de la ejecución del programa con un error. El desbordamiento de búfer, también puede ser explotado por los crackers para realizar operaciones no permitidas en un sistema. De hecho, la creación de datos para enviar al programa, puede generar un desbordamiento de búfer y cambiar el comportamiento del programa en su favor.

PUNTEROS

Los **punteros** en C son un muy potentes y útiles, pero también son una causa frecuente de errores sutiles.

Un puntero es una variable que contiene la dirección de memoria de otra una variable (un puntero x *que apunta* a la variable y).

SINTAXIS

Declaración

Un puntero se declara de la siguiente manera:

int *a;

Tenga en cuenta que hay que poner un asterisco antes del nombre del puntero.

int *a , b;

El código anterior no genera dos punteros, sólo genera uno, a. La variable b es un entero, porque el operador * sólo se aplica a la primera variable. Si desea declarar múltiples variables de tipo puntero, tiene que repetir el asterisco para cada uno de ellos:

int *a , *b;   // a y b son punteros a una variable entera

Puede crear matriz de punteros:

int *a [5];

crea una matriz de cinco punteros a enteros. Para obtener más información, consulte la sección sobre arrays.

Asignación

Antes de utilizar un puntero, es necesario asignar una dirección de memoria para asegurarse de que *apunta* a una variable.

```
int Main (void)
{
   int *a , b;

   b = 10 ,
   a = &b;
}
```

Este código sirve para señalar con el puntero a a la variable b. Es importante tener en cuenta que a no contiene el valor 10, sino que tiene la dirección de memoria de la variable b , obtenida al usar el operador &.

También es posible para asegurarse que un puntero apunte a la misma variable apuntada por otro puntero:

```
int *a , * c , b;

b = 10 ,
a = &b ,
c = a;  // c punta ab
```

Acceso

Habiendo declarado y asignado un puntero a una variable, este ya se puede utilizar.

```
int Main (void)
{
   int *a , *b , c = 10;
   b = un =  &c;
}
   printf ("La variable c que apunta a a, vale%d, mientras que la"
```

"misma variable apuntada por b vale %d". , **a* , **b);*
Este código imprimirá dos veces el número 10.

ARITMÉTICA DE PUNTEROS

Usted puede añadir o restar un puntero a un valor entero. Esto se asegurará de que el puntero apunta a la celda de memoria inmediatamente después.

Si un entero ocupa 2 bytes, entonces si se agrega 1 al puntero que contiene la dirección 100, esto no es 101, sino que es 102. Esto es precisamente porque se supone que en su conjunto ocupa 2 bytes.

A la inversa, si se resta 1, el puntero contendrá el valor 98.

Por otra parte, es posible calcular la diferencia entre dos punteros para comprender cuántas celdas de memoria existen entre los dos. También se pueden comparar con ellos para ver si apuntan a la misma dirección o no.

if (p1 == p2) printf ("p1 y p2 apuntan a la misma dirección de memoria.");
else printf ("p1 y p2 apuntan a dos direcciones de memoria diferentes.");

La aritmética de punteros también permite la intercambiabilidad entre punteros y matrices.

FUNCIONES Y PUNTEROS

Si se pasa una función de un puntero, que será capaz de cambiar el valor apuntado por el puntero. Por ejemplo:

```
void doubleof (int *);  // prototipo
int Main (void)
{
    int a = 2;
    doubleof (&a);
    printf ("%d" , a);
    retun  0;
}

void doubleof (int  * x)
{
    * x =  (* x)  *  2;
}
```

Esta pequeña aplicación se imprimirá 4. He aquí cómo:

1. int a = 2; Esta instrucción declara una variable entera y la inicializa con el valor 2.
2. doubleof (&a) Llama a la función doubleof , pasándole la dirección de la variable a.
3. Dentro de la instrucción doubleof se ejecuta * x = (x *) * 2, que asigna a la variable a la que apunta x (a) el valor de la misma variable a la que apunta x multiplicado por 2.
4. printf ("%d", a); Imprime el valor obtenido.

Si nuestro programa hubiera sido así, nos habría devuelto 2.

```
void doubleof (int);  // prototipo
int Main (void)
{
int a = 2;
doubleof (a);
printf ("%d" , a);
return  0;
}

anular doubleof (int x)
{
x = x * 2;
```

```
}
```

PASAR UNA MATRIZ A UNA FUNCIÓN

Primer método

El nombre de un array, por lo general, **decae** en un puntero en su primer elemento. Esto sucede todo el tiempo, excepto cuando se usa el nombre de la matriz como un argumento para sizeof, cuando se usa el &("dirección"), o durante la inicialización con una cadena literal. Este puntero se puede pasar a una función. De esta manera usted puede pasar toda una matriz a la función.

Por ejemplo:

```
void doubleof (int  * miarray);

int Main (void)
{
   int i , arr [ 5 ] = { 1 , 2 , 3 , 4 , 5 };

   doubleof (arr) ,
   for  (i = 0; i < 5; i + +)
       printf ("arr [%d] =%d. \n " , i , arr [ i ]);
   return  0;
}

void doubleof (int  * miarray)
{
   int j;
   for (j = 0 , j < 5 , j + +)
      miarray [ j ]  = miarray [ j ] * 2;
}
```

devuelve:

arr [0] = 2.

arr [1] = 4.
arr [2] = 6.
arr [3] = 8.
arr [4] = 10.

Segundo método

En este método sólo cambia la sintaxis de la función, pero el mecanismo es el mismo. La ventaja de este mecanismo es que pone de manifiesto el hecho de que una función se pasa a una matriz, si hubiera pasado un puntero a la función no produciría errores en tiempo de compilación, pero podría funcionar de una manera inusual.

```
void doubleof (int miarray [ ]);

int Main (void)
{
    int i , arr [ 5 ] = { 1 , 2 , 3 , 4 , 5 };

    doubleof (arr) ,
    for  (i = 0; i < 5; i + +)
        printf ("arr [%d] =%d. \n " , i , arr [ i ]);
    return  0;
}

void doubleof (int miarray [ ])
{
    int j;

    for (j = 0; j < 5; j + +)
        miarray [ j ] = miarray [ j ] * 2;
}
```

Pasar matrices a funciones

En resumen, una matriz en C no es más que vector de vectores cuya declaración se realiza de la siguiente manera:

Tipo Array [filas] [columnas];

con esta sintaxis se declara un array que contiene un número igual de *columnas* de arrays que contienen un número igual de filas de elementos de tipo *tipo*. Las columnas y las filas pueden ser constantes enteras o variables enteras (en este caso, serían como las matrices dinámicas propias de **C99**).

Para ser capaz de pasar una matriz a una función necesitará tener un puntero en la matriz que defina el número de columnas de la matriz y a continuación, vemos el prototipo de una función que hace esto:

return_type función (tipos de listas y otros temas, como [] [columnas]);

si el número de columnas es variable utilizamos esta sintaxis:

return_type función (tipos de listas y otros temas, tales como [] [*]);
Una vez definida la función, para pasar la matriz sólo tiene que pasar el nombre de la variable de la matriz que se desintegra en un puntero hacia la propia matriz.

Las mismas consideraciones se aplican a los arrays N-dimensionales que son del tipo:

Tipo de v [e1] [e2]... [eN];
donde los índices de *e1* a *eN* pueden ser constantes o variables (estándar **C99**), para pasar a una función, el array tiene que definir un puntero a v donde se definen las últimas N-1 dimensiones del array que es el prototipo de la función:

return_type fn (tipos de listas y otros temas, como [] [e1]... [en]);
si las últimas N-1 dimensiones son variables:

return_type fn (tipos de listas y otros temas, como [] [*]... [*]); el asterisco es sólo cuando el tamaño es variable.

Matrices de transición. Ejemplo

*/ * para que el siguiente código funcione correctamente requiere un compilador que soporte*
*el estándar C99. * /*

```
#Include
void leggiMtrx (int , int , int [ ] [ * ]);      // el [*] indica que el
número de columnas es
void stampaMtrx (int , int , int [ ] [ * ]);     // una variable.

int Main (void) {
    int Ri , Co;                    // parámetros necesarios para
definir la matriz

    printf ("- número de captura de filas y columnas - \n ");
    scanf ("%d%d" , y Ri , y Co.);
    printf ("- Lectura de elementos de la matriz - \n ");
    int M [ Ri ] [ Co ];           // matriz dinámica, se puede
declarar
    leggiMtrx (Ri , Co , M) ,       . // después de leer Ri (GHE)
y Co (columnas)
    printf ("- Imprimir la matriz - \n ");
    stampaMtrx (Ri , Co , M);
}

void stampaMtrx (int Ri , int Co. , int M [ ] [ Co ]) { // se especifica
aquí que M es un puntero
    int i , j;                      // una matriz de columnas CO donde
Co es una
                            // variable.
    for (i = 0; i < Ri , i + +) {
        for (j = 0 , j < Co , j + +)
            printf ("%d" , M [ i ] [ j ]);
        printf (" \n ");           // retorno de carro para distinguir
las líneas de-
```

```
      }                        . // del array
}
void leggiMtrx (int Ri ,  int Co. ,  int M [ ] [ Co ]) { . // leer los
elementos de la matriz
    int i , j;

    for  (i = 0; i < Ri , i + +)
      for  (j = 0 , j < Co , j + +) {
        printf  ("M [%d] [%d] =" , i , j);
        scanf ("%d" , y M [ i ] [ j ]);
        }
}
```

PUNTEROS A FUNCIONES

Es posible señalar un puntero a una función, por lo que se puede llamar a través del puntero. Las funciones, al igual que las variables, tienen una dirección de memoria.

El ejemplo siguiente se define, asigna y utiliza un puntero de función:

```
#Include

int doubleof (int x)
{
 return x * 2;
}

int Main (void)
{
 int  (* func) (int);
 func = doubleof;
 printf ("El doble de 2 es %d" , function (2));
 return  0;
}
```

Tenga en cuenta que el tipo del puntero "function" es igual al tipo de la función "doubleof". El tipo de una función está constituida por la secuencia de los tipos de parámetros y el tipo de retorno. A continuación, para asignar una dirección de una función a un puntero de función es necesario que la función y el puntero tengan el mismo número de parámetros, que los parámetros correspondientes tengan el mismo tipo, y que el tipo de retorno sea el mismo.

Tenga en cuenta también que en este caso **no** se ha usado el operador de referencia & como en los ejemplos anteriores, de hecho, los nombres de las funciones ya son punteros.

PUNTEROS A PUNTEROS

También puede definir punteros a otros indicadores que podrían a su vez apuntar a los punteros, etc.

```
#Include
int Main (void)
{
    int *p, **p, a = 5;

    p = &a,              // p apunta a
    pp = &p;             // pp punta ap
    printf ("**p =%d", **pp); // imprime el contenido de a
}
```

el resultado es:

**P = 5

Los Arrays y los punteros están estrechamente entrelazados.
De hecho, si utiliza el nombre de una matriz sin índice, se obtiene un puntero a su primer elemento.

Por lo tanto:

a == &a [0]
*a == a [0]
Ejemplo:

```
#Include
#include

    int main(void)
{
    printf("%i", test());
    return 0;
}
int test(void)
{
    int a[3];
    a[0]=78;
    a[1]=93;
    return (*a==a[0]);
}
```

La función *test ()* devuelve 1 (verdadero).

Como está escrito en la página de arrays, se puede pasar una matriz a una función que pasa el puntero a su primer elemento, por las razones mencionadas anteriormente.

LA ARITMÉTICA DE PUNTEROS PARA ACCEDER A UN ARRAY

La aritmética de punteros le permite acceder a cualquier elemento de una matriz mediante la adición de un cierto valor para el puntero al primer elemento del array.

```
#Include
#include stdlib.h

int Main (void)
{
    char [ 7 ] = { 'a' , 'b' , 'c' , 'd' , 'e' , 'f' , 'g' };
    printf ("%c %c" , a [ 3 ] , * (a + 3));
    return  0;
}
```

Este programa devolverá d d , porque a[3] y *(a3) son iguales.

Un ejemplo más complejo

Puede utilizar la aritmética de punteros también para acceder a arrays multidimensionales, ya que los elementos, por el compilador, se ordenan uno detrás de otro en todo tipo de matriz. En este ejemplo vamos a considerar una 5 × 3 matriz.

```
#Include
#include stdlib.h
#define LunR 5
#define lunc 3

int main(void)
{
    char a[LunC][LunR]={'a', 'b', 'c', 'd', 'e', 'f', 'g', 'h', 'i', 'j', 'k', 'l', 'm', 'n', 'o'};
    printf("%c %c", a[1][2], *((char*)a+1*LunR+2));
    return 0;
}
```

Este programa devolverá h h. Se realizó una *conversión con* el puntero para asegurarse de que era un puntero a un valor Char. Se añade a este puntero una línea (5 ítems) y 2 elementos, para obtener el carácter que está en la segunda línea de la tercera columna (recordemos que el primer elemento de una matriz es [0] [0]).

CADENAS

Las cadenas en C son Arrays de caracteres y no son como un tipo único. Las cadenas de C, siempre son completadas por el carácter nulo.

LA DECLARACIÓN DE UNA CADENA

También puede asignar una cadena de un puntero a un char, pero no es recomendable porque se escribirá en partes de la memoria no asignadas y sobrescribirá los datos necesarios para la ejecución del programa. Esto se puede hacer de manera segura con las funciones de asignación de memoria dinámica. El puntero, en este caso, apuntará al primer carácter de la cadena.

Una cadena no es más que un conjunto de elementos de tipo char. Esto evoca una especie de declaración de inmediato (pero algo torpe):

char my_string [ ] = { 'H', 'e', 'l', 'l', 'o', ' \ 0 ' };

Se requiere del carácter \0 para terminar la cadena. La declaración anterior que hemos visto no es muy cómoda de escribir, por lo que C permite declarar las cadenas directamente, como el código siguiente:

char my_string [ ] = "Hola";

Por supuesto, puede declarar cadenas sin inicializar. En este caso, se declara especificando el nombre y tamaño:

// cadena de 20 caracteres, por 1 \0
char my_string [20];

USANDO CADENAS

Visualización de caracteres en una cadena

#Include
char frase [ ] = "es una cadena";
int Main (void)
{
*   printf ("%s" , frase);*
}
El modificador %s es una cadena a la función printf.

Lectura segura de los caracteres de una cadena

#Include
int Main (*void*)
{
*   char frase [10];*
*   fgets (frase , 10 , stdin);*
}

fgets (char *str, int lun, FILE* stream) lee caracteres de un archivo que actúa como si *la entrada estándar* fuera la pantalla de la consola y los almacena como una cadena C hasta que (num-1) caracteres hayan sido leídos o un retorno de carro llegue al final del archivo (EOF). Un carácter de nueva línea interrumpe la lectura, pero se considera un carácter válido y, por lo tanto, se incluye en la cadena str. Un carácter nulo se añade automáticamente en str después de los caracteres leídos para indicar el final de la matriz de C.

FUNCIONES DE CADENA

El archivo de cabecera string.h es la biblioteca estándar de C que contiene las definiciones de macros, constantes y declaraciones de funciones y tipos utilizados no sólo en la manipulación de cadenas, sino también en el manejo de la memoria.

Las funciones declaradas en string.h son muy populares y formar parte de la biblioteca estándar de C, su funcionamiento está garantizado en cualquier plataforma que soporte el lenguaje C. Estas funciones sólo funcionan con caracteres ASCII u otro conjunto de caracteres que se extienda de una manera compatible, como ISO-8859-1, el carácter multi-byte es compatible con ASCII, al igual que UTF-8, puede funcionar solamente con la condición de que la longitud de la cadena sea interpretada como el número de bytes en el mismo lugar que el número de caracteres Unicode. La gestión de las cadenas que no sean compatibles con ASCII generalmente se resuelve con el uso de la biblioteca wchar.h.

ENUMERACIONES

En C, una **enumeración** o las **variables enumeradas** son un tipo de datos que sólo puede tomar los valores seleccionados por el usuario. Estos valores se muestran comol constantes, cada uno correspondiente a un valor entero.

Sintaxis

enumeración nombre_del_tipo { lista_de_valor } las variables;

Ejemplos de uso

```
#include <stdio.h>
#include <stdlib.h>

int main(int argc, char*argv[])
{

    enum humano { llla_casa, el_trabajo, en_vacaciones } juan_perez;

    char estado[20];
```

```
printf("Estado de Juan Pérez? ");
scanf("%s", estado);
if (!strcmp(estado, "Lla_casa"))
{
juan_perez=lla_casa;
}
else if (!strcmp(estado, "El_trabajo"))
{
juan_perez=el_trabajo;
}
else if (!strcmp(estado, "En_vacaciones"))
{
juan_perez=en_vacaciones;
}

printf("Estado numérico de Juan Pérez: %d", juan_perez);

return 0;
}
```

Este programa transforma el estado de Juan Pérez introducido por el usuario en un número: en_casa = 0, el_trabajo = 1, En_vacaciones = 2.

También puede asignar un número a cada opción de numeración. Si no se especifican los números sucesivos, el compilador procederá en orden ascendente.

```
#include <stdio.h>
#include <stdlib.h>

int main(int argc, char*argv[])
{

enum umano { la_casa=25, el_trabajo=56, en_vacaciones=57 } juan_perez;

char estado[20];
```

```
printf("¿Estado de Juan Pérez? ");
scanf("%s", estado);
if (!strcmp(estado, "La_casa"))
{
juan_perez=la_casa;
}
else if (!strcmp(estado, "El_trabajo"))
{
juan_perez=el_trabajo;
}
else if (!strcmp(estado, "En_vacaciones"))
{
juan_perez=en_vacaciones;
}

printf("Estado numérico de Juan Pérez: %d", juan_perez);

return 0;
}
```

En este caso en_casa = 25 , el_trabajo = 56 , En_vacaciones = 57.

ESTRUCTURA

Una **estructura** es un conjunto de una o más variables. Las variables pueden ser de cualquier tipo y se agrupan bajo un mismo nombre. Esta agrupación se realiza cuando se necesitan más variables que tienen algo en común, un ejemplo práctico puede ser el de un estudiante universitario. El estudiante tiene tres características principales (*miembros*): Nombre, Apellido, Matrícula. Sería útil agruparlos, las estructuras permiten precisamente esta agrupación.

Usted puede pensar en la estructura como un tipo de datos real, creado por el usuario, un poco como las enumeraciones.

Sintaxis

La declaración de una estructura es:

```
struct alumno {
  Char nombre [ 25 ];
   char nombre [ 25 ];
   int primer anio;
};
```

Con este código, no he creado ninguna variable de tipo alumno.

Ejemplos de uso

Después de esa declaración, en cualquier momento se puede declarar una variable de la siguiente manera:

```
Struct alumno var1;
```

Ahora var1 es una estructura con tres miembros: nombre y apellidos, cadenas de 25 caracteres, y el número de matrícula, que es el número de serie del estudiante.

Para cambiar o leer con los miembros utilice el operador . (punto) de esta manera:

```
scanf("%s", var1.nombre);
scanf("%s", var1.apellidos);
var1.matricula = 12345;
otra_matricula = var1.matricula; /* otra_matricula es igual a 12345 */
```

También puede declarar variables en la definición de la estructura:

```
struct alumno {
  Char nombre [ 25 ];
  char nombre [ 25 ];
  int primer año;
```

} foo;

En este caso, he definido una estructura de alumno y también he declarado una variable de ese tipo.

PUNTEROS A ESTRUCTURAS

También puede declarar punteros a las estructuras.

```
#include <stdio.h>
#include <stdlib.h>
#include <string.h>

int main(void)
{
    struct Alumno {
        char nombre[25];
        char apellidos[25];
        int matricula;
    } foo, *punt;
    punt = &foo;
    strcpy(punt->nombre, "Juan");
    printf("El nombre del Estudiante es: %s", foo.nombre);
    return 0;
}
```

La salida será:
El nombre del estudiante es: Juan
El puntero del punt apunta a la variable foo , para el acceso del puntero a un miembro de la estructura se hace que a través del operador -> (flecha).

El programa sería el siguiente:

strcpy ((* punt). nombre , "Juan");

Sin embargo, el operador de flecha es más cómodo de usar.

La función strcpy, parte de la biblioteca estándar de C y le permite copiar la cadena representada por el segundo argumento de la cadena representada por el primer argumento.

BITS DE CAMPO

En C, los campos de bits, pueden acceder a los bits de datos. Los campos de bits son útiles en muchas ocasiones, como cuando se quiere representar un conjunto de variables booleanas.

Sintaxis:

```
struct Miestructura
{
tipo miembro1: numerodebit;
tipo Estado2: numerodebit;
...
 Tipo miembroN: numerodebit;
} micampobit;
Ejemplo:
#Include
#include stdlib.h

int main(void)
{
    struct animal {
        unsigned mamifero: 1;
        unsigned oviparo: 1;
    } ornitorrinco, ballena;
    ornitorrinco.mamifero = 1;
    ornitorrinco.oviparo = 1;
    ballena.mamifero = 1;
```

```
    ballena.oviparo = 0;
    return 0;
}
```

En este caso, sólo se utilizan 2 bits para almacenar los valores y mamíferos ovíparos. Se sabe que los campos de bits son útiles para la declaración de variables booleanas (true/false) en una estructura. Usted puede usar, en la misma estructura, los miembros regulares y campos de bits.

OTROS USOS

Una limitación de las estructuras es la siguiente: una estructura no puede contener en sí. No se puede, de hecho, tienen una cosa así:

```
struct Element {
  int campo1;
  struct elemento campo2;
};
```

El obstáculo puede evitarse, incluso en la estructura de un puntero con el mismo tipo y la estructura utilizando los operadores * o -> para acceder a los miembros:

```
struct Element {
  int campo1;
  struct articulo * campo2;
};
```

Esta técnica se utiliza para crear diferentes estructuras de datos, es muy flexible y útil.

UNIÓN

La **unión** es un tipo de datos cuyos miembros comparten el mismo espacio de memoria. En otras palabras, una unión permite el acceso a una misma área de memoria por más de un *alias*. Los beneficios de las uniones son:

- Esto ahorra memoria
- Se pueden interpretar los datos de diferentes maneras.

Sintaxis

union Miunion
{
tipo miembro1;
Estado2 tipo;
...
Tipo miembroN;
} las variables;

La instrucción union declaró una estructura Miunion con los miembros y los conjuntos de variables Miunion. Las variables son opcionales. Es importante recordar que la memoria está compartida entre múltiples variables, dos datos no pueden estar presentes de forma simultánea. El ejemplo siguiente muestra un hecho simple, la forma de entender el tipo de datos almacenados actualmente en la unión y cómo interpretarlos.

La sintaxis para especificar las variables adicionales de Miunion después de la declaración de la unión es la siguiente:

union Miunion MiVariable;

Con las uniones pueden realizar la asignación de una unión a otra unión de la misma naturaleza, mediante el acceso a los miembros de la unión con el operador punto '.'. No se permiten comparaciones entre las uniones con los operadores == y !=.

Ejemplo 1

Una unión se puede utilizar para almacenar datos de diferentes tipos dentro de la misma estructura. Con una estructura definida de la siguiente manera podríamos, por ejemplo, almacenar una serie de resultados, un número entero o una cadena, obtenido en el procesamiento.Un ejemplo sencillo sería:

```
#Include
#include stdlib.h
#define N 3

int Main (void)
{
    struct miestructura {
        char de tipo;  // el tipo de valor de
        union miunion {
            int tamanio ,
            char* Cadena;
        } valor;
    } resultados [ N ];

    int a [ 3 ]  =  { 1 , 2 , 3 },
    int b [ 3 ]  =  { 56 , 98 , 33 };
    int i;
    char errstr [ ]  =  "Error";

    for(i = 0; i < N; i++)
    if (a[i]) {
        resultado[i].tipo = 'I';
        resultado[i].valor.Entero = b[i] / a[i];
    } else {
        resultado[i].tipo = 'C';
        resultado[i].valor.string = errstr;
    }
    return 0;
}
```

que almacena el cociente de la división si esto es posible, de lo contrario, almacena la cadena "Error".

Ejemplo 2

```
/ * Inicializa y utiliza una unión * /
#include

union numero {
    int Valx;
    int Valy;
};

int Main () {
    union numero de punto;  / * Define el punto de unión de tipo
número * / variable de
    Punto. Valx = 50 ,  / * Inicializa Valx el miembro de la unión con
el valor 50 * /
    Punto. Valy = 100;  / * Inicializa Valy el miembro de la unión con
el valor 100 * /

    / * Imprime los miembros de la union en la pantalla * /
    printf ("El valor de X es %d, mientras que el valor de Y es %d \n
" , punto. Valx , Punto. Valy);

    return  0;
}
```

Dado que los miembros Valy y Valx ocupan el mismo espacio de memoria, la segunda asignación sobrescribe el valor de Valx, y la salida del código de ejemplo será:

El valor de X es 100, mientras que el valor de Y es un valor de 100

VENTAJAS Y DESVENTAJAS

La unión es muy útil en los casos en los que un programa hace uso de una variable de un tipo determinado y no de otro, en función de una condición determinada en tiempo de ejecución: la unión le permite poner juntas las variables en una misma posición de memoria, lo que reduce el consumo de memoria.

TIPOS DE DATOS

C es un lenguaje de tipo débil, esto significa que una variable de un tipo puede ser visto por el programa como otro tipo, y se convierte en otro tipo. En C, hay dos tipos de conversiones de tipos:

- Conversión automática o implícita
- Intérpretes: conversión explícita

CONVERSIONES DE TIPOS

Cuando un operador tiene operandos de diferentes tipos, estos se convierten a un tipo común. En general, las únicas conversiones automáticas son aquellas que transforman un operando "más pequeño" en uno "mayor" de manera que no sufra pérdida de información. En cuanto a los tipos de conversión automática básica sigue el siguiente esquema:

char → **short** → **int** → **long** → **float** → **double**

en particular, en las asignaciones del valor de la derecha de la asignación es un tipo de más a la izquierda en el esquema y el valor de la izquierda es de un tipo de los que están más a la derecha, la conversión es automática.

Otro tipo de conversión automática es **void ***, el tipo void puede apuntar hacia punteros de cualquier otro tipo y los punteros hacia cualquier tipo **void ***.

Así que las cesiones de este tipo son legales:

int Main (void)
{
*   char c = 'A';*
*   char * cptr = y c;*

```
    // cptr apunta a ac
    void * vPtr = cptr;
    // vPtr apunta a ac
    cptr = vPtr;
    // cptr apunta a ac
}
```

CAST

Este método está definido por el lenguaje para forzar una conversión a un tipo de forma automática. La sintaxis es la siguiente:

(Tipo) valor

Un ejemplo se muestra su utilidad:

```
#Include
int Main (void)
{
    float f;

    f = (float) 3 / 2;
    printf ("%f \n ", f);
}
```

si no se hubiera hecho el **cast** del resultado de 3/2 daría 1 en lugar de 1.5, ya que es cierto que la conversión al tipo *real* (float) es automático, pero no el resultado de la división entera, que da 1. Suficiente, sin embargo, con que sólo uno de los dos operandos sea un número real toda la operación se convierte a un número real.

En general, la conversión de punteros a un objeto o a un tipo y viceversa debe ser explícita. La norma establece que no se debe permitir hacer un molde de un puntero de función a un objeto que no sea un puntero a función y viceversa, y en todo caso si esto es permitido por el compilador dependerá de la implementación. También se le permite convertir un puntero a un entero y viceversa, pero el resultado depende de la implementación.

El único cast garantizado es el de la constante de 0 a un puntero que define un puntero nulo, que es:

*void * null = (void *) 0;*

el derecho y también el código anterior se puede simplificar en

*void * null = 0;*

ya que en este caso está prevista la conversión implícita.

Un ejemplo de conversión de punteros de función

El cast de un puntero a función puede parecer un poco "antinatural" para un principiante, su sintaxis general es:

(Return_type (*) (argumentos de tipo lista)) nombre_puntero;
Los elementos de la lista de argumentos de los tipos deben estar separados por comas y pueden contener... que indica un número variable de argumentos. He aquí un ejemplo:

```
#Include
int fn (char c) {          // en este caso la declaración de
   return 0,            . // también sirve como un prototipo
}

int Main (void) {
   void (* fnPtr) (int *) =      / * un puntero a una función que no
devuelve nada
                y tiene como argumento un puntero a un
entero. * /
      (void (*) (int *)) fn;   / * se inicializa fn después del cast
                el tipo de fnPtr. * /
```

```
    if (fn == (int (*) (Char)) fnPtr)
    printf ("fnPtr = fn \n ");
else
    printf ("fnPrt diferente" // espera de nuevo al tipo original de
la dirección
        "de fn" );      // es el mismo.
}
```

Desde el punto de vista de un programa escrito en C, el archivo se utiliza como una corriente de datos lógicos (streaming) o con una secuencia de archivo. Para ser más precisos, un archivo se abre dando un puntero que representa el flujo del archivo relativo, a continuación, cuando se cierra el flujo, la asociación con el archivo termina.

La gestión del flujo de archivos es transparente, con la ayuda de las funciones estándar y de las estructuras de datos definidas en la biblioteca stdio que trata el tipo "File".

La apertura de un archivo, a través de las funciones estándar, coincide con la obtención de un puntero al tipo de archivo, por lo tanto, este indicador representa el flujo de archivos y todas las referencias a este flujo se hacen con ese puntero.

LECTURA Y ESCRITURA DE UN ARCHIVO

La apertura del archivo se obtiene normalmente con la función de fopen () que devuelve el puntero al archivo, o el puntero null, null en caso de fracaso de la operación. El siguiente ejemplo muestra la apertura del archivo miarchivo en el directorio actual, con un modo de acceso de sólo lectura.

```
#Include
...
int Main (void)
 {
   FILE* fp_mi_file;
   ...
   fp_mi_file = fopen ("miarchivo", "r"),
   if (fp_mi_file == NULL)
       // si el archivo no existe el puntero obtenido de fopen toma el
   valor NULL
       else // el puntero no es NULL para que pueda trabajar en el
   archivo , en este caso leer.
    ...
 }
```

Como se puede ver en el ejemplo, es normal que para asignar el puntero obtenido a una variable dada, a partir de ese momento identifica el archivo, siempre y cuando este permanezca abierto.

El cierre de los archivos se realiza de una manera similar, a través de la función fclose (), que devuelve cero si la operación se ha realizado correctamente, o el valor que represente EOF. El siguiente ejemplo muestra su uso.

```
...
   fclose (fp_mi_file);
...
```

El cierre de un archivo termina con esta actividad, después de escribir todos los datos que aún puedan quedar pendientes (si el archivo fue abierto para escritura).

Los prototipos de las 2 funciones:

FILE* fopen (const char * nombre , const char * mode);

int fclose (FILE* flujo_de_archivo);

El parámetro nombre es la ruta de acceso al archivo que desea abrir, mientras que el mode es uno de los siguientes:

Modo	Significado
r	archivo de sólo lectura del texto.
w	archivo de texto solamente para escribir. Si existe, se elimina el contenido en detrimento del nuevo contenido creado
r +	archivo de texto para lectura y escritura.
w +	Si el archivo no existe, lo crea y lo abre en lectura y escritura. Si existe, lo elimina y lo abre en la lectura y la escritura.
a	Abre el archivo de sólo escritura, asegurándose de que sólo podemos añadir algo de contenido al final. Si el archivo no existe, se crea.
a +	Como a , sólo que también permite la lectura.
b	si b se añade al modo anterior indica que el archivo es binario. Esto es: rb, wb, b, r + b, b + w, lo que equivale a un + b + rb, wb + ab +

Hay tres corrientes de archivos que están abiertos de manera predeterminada, cuando se inicia el programa:

- entrada estándar, que normalmente corresponde al teclado;
- salida estándar, que normalmente corresponde a la pantalla de la terminal;
- error estándar, que también es normalmente correspondiente a la pantalla del terminal.

A menudo se utilizan estos flujos de archivos a través de funciones especiales que hacen referencia implícita, pero también se puede acceder a través de funciones generalizadas, con los nombres como punteros: stdin, stdout y stderr.

Tipos de archivos:

- Archivo de texto
- Archivos binarios

En el archivo de texto, la información se almacena en el modo de texto, la forma en que es legible por un editor de texto. Por lo tanto, la información numérica desde el formato binario con el que están almacenados en la memoria RAM se transforman de tal manera que cada dígito numérico se almacena de acuerdo con la codificación en uso (por ejemplo, con una codificación ASCII de bytes, si es de 2 bytes de codificación UNICODE). Así que el entero 12, que ocupa 4 bytes en formato binario, ocupará 2 bytes en ASCII (el primer carácter para codificar el carácter '1 'y el segundo byte para codificar el carácter '2').

Los archivos de texto pueden ser manejados con mayor facilidad a través de dos funciones: fgets () y fputs (). Estos permiten, respectivamente, leer y escribir un archivo cada línea de una vez, es decir, como una línea de texto que termina con el código de salto de línea ('\n'), de acuerdo a la abstracción que utiliza el lenguaje.

La función fgets () le permite leer una línea de texto de un tamaño máximo determinado. Observe el siguiente ejemplo:

```
...
 char ca [ 100 ];
fgets (ca, 100, fp);
 ...
```

En este caso, se lee una línea de texto de un tamaño máximo de 99 caracteres, representados por el apuntador de archivo fp. Esta línea se coloca dentro de la matriz de ca, con la adición de un carácter \0 al final. Este hecho explica la razón por la cual el segundo parámetro corresponde a 100, mientras que el tamaño máximo de la línea de lectura es de 99 caracteres. En la práctica, la matriz de destino es siempre una cadena, terminado correctamente.

De la misma forma en que funciona fputs (), pero requiere sólo la cadena y el puntero de archivo para escribir. Dado que una cadena ya contiene la información de su longitud, ya que tiene un carácter de conclusión, no hay ninguna indicación de la cantidad de artículos que van a ser escritos.

```
...
 char ca [ 100 ];
fputs (ca, fp);
 ...
```

Siga las pautas de las funciones sintácticas fputs () y fgets () en forma de prototipos de funciones:

```
Char* fgets (char * cadena, int maxsize, FILE* stream);
int fputs (const char * cadena, FILE* stream);
```

Si la operación de lectura es correcta, fgets () devuelve un puntero correspondiente a la misma cadena (es decir, la matriz de caracteres de destino), de lo contrario, devuelve el puntero nulo, NULL, por ejemplo, cuando ya se ha alcanzado el final del archivo.

La función fputs () le permite escribir una cadena en un archivo de texto. La cadena se escribe sin el código de terminación final, \0, pero incluso sin añadir el salto de línea de código. El valor de retorno es un valor positivo en el éxito, de lo contrario es EOF.

COMPILADOR Y PRECOMPILADOR

Un compilador es un programa que traduce una serie de instrucciones escritas en un lenguaje de programación (**código fuente**) a instrucciones en otro lenguaje (**código objeto**). Este proceso de traducción se denomina compilación.

El código objeto generado por un programa escrito en C siempre se escribe en lenguaje de máquina o con instrucciones sencillas (de bajo nivel) que son ejecutados por la CPU más tarde.

Un compilador C por lo general tiene la compilación funcional para otros lenguajes de máquina distintos del equipo del que en realidad se va a compilar el código fuente.

La compilación rompe el proceso de traducción de las instrucciones contenidas en los archivos de origen desde la fecha de ejecución. Sólo tiene relación con la fase de traducción de un programa en lenguaje de máquina, pero no está vinculado en modo alguno a su ejecución.

Prácticamente tras la traducción en código objeto se produce la conexión entre las distintas partes incluyendo las bibliotecas para producir el archivo ejecutable. En general, el compilador proporciona opciones para dividir las dos operaciones para que pueda realizar la conexión en un momento posterior y/o modificar sólo el código fuente de algunas partes del programa y llenar sólo los archivos de objetos modificados.

El **precompilador** puede ejecutar varias instrucciones.

- Directivas
    - #define
    - #if, #else, #elif y #endif
    - #include
    - #line
    - #pragma
    - #undef

- Operadores
    - El operador #
    - El operador ##
    - El operador definido
- Macros
    - __DATE__
    - __FILE__
    - __LINE__
    - __TIME__
    - __STDC__

LAS DIRECTIVAS

Las directivas son instrucciones para el precompilador y dependen del propio compilador, por lo que es recomendable consultar su documentación.

Las directivas no terminan con un punto y coma al final de una línea.

Las instrucciones se definen así:

#Define

La directiva #define se utiliza para definir macros. Sintaxis:

#Define macroname testmacro

El texto puede ser un o una constante 'expresión, también con parámetros:

#Include
#include stdlib.h

int Main (void)
{
#define NUM 10

#define EXPR (a) (a) == 6? 6: 0

printf ("%d \n ", NUM);
printf ("%d \n ", EXPR (7));
return 0;
}

#If, #else, #elif y #endif

Estas directivas se utilizan para *compilación condicional*. Su uso es muy similar a la de la instrucción if, pero con una diferencia importante: mientras que en una instrucción regular la condición if se evalúa en tiempo de ejecución para decidir qué conjunto de instrucciones se van a llevar a cabo, la directiva #if selecciona el tiempo de compilación de un conjunto de instrucciones que deben rellenarse, pero las instrucciones están completamente eliminadas y descartadas a efectos del producto de código ejecutable, ya que no habían existido.

Como consecuencia inmediata, las expresiones legítimas de una directiva #if son exclusivamente evaluables en tiempo de compilación.

Una forma especial la directiva #if es el #ifdef y #ifndef su correspondiente negado, que devuelve un valor de verdadero y falso, respectivamente, si la macro suministrada como parámetro se ha definido anteriormente.

Ejemplo:

#Include
#include stdlib.h

int Main (void)
{
#define NUM 10
#define EXPR (a) (a) == 6? 6: 0

#Ifdef NUM // true: NUM se ha definido anteriormente

```
#Si NUM == 10 // true
    printf ("NUM es igual a 10. \n ");
#Si EXPR (6) // true: por un valor de 6 del parámetro, la expresión
se evalúa 6
            printf ("EXPR dio un resultado %d! \n " , EXPR (6)) ,
#else
            printf ("EXPR no ha dado ningún resultado! \n ");
#endif
#elif NUM < 10 // false
            printf ("NUM es menor que 10: %d \n " , NUM) ,
#else
            printf ("NUM es mayor que 10: %d \n " , NUM) ,
#endif
#else
            printf ("NUM no está definido. \n ");
#endif
return  0;
}
```

Este código, una vez procesado por el preprocesador, es equivalente al siguiente:

```
/ *... transcripción completa del archivo stdio.h stdlib.h... * /

int Main (void)
{
    printf (". NUM es igual a 10 \n ");
            printf ("EXPR dio un resultado%d! \n " ,  (6) == 6 ?  6 :
0);
return  0;
}
```

Tenga en cuenta que el preprocesador reemplaza todas las apariciones de las macros con su equivalente de texto.

#Include

La directiva #include es muy importante: permite incluir un archivo de C en otro. Su sintaxis es la siguiente:

<nomefile.h> #include
#include "nomefile.h"

¿Cuál es la diferencia entre corchetes y comillas? Depende del compilador, pero por lo general con los corchetes angulares enlazan los directorios en la librería estándar, mientras que las comillas busca primero el archivo en el directorio actual y en los directorios de la biblioteca estándar.

#Line

La directiva #line le permite modificar el contenido de la macro __LINE__ y __FILE__. No salta a otro punto del programa, sólo tiene que cambiar estos macros.

La sintaxis es la siguiente:

Numerolinea #Line "nombre de archivo"

Ejemplo:

#Include
#include stdlib.h

#Line 70 "TEST.C"

int Main (void) // line 71
{ // Línea 72
    printf ("Línea: %d; archivo: %s \n ", __LINE__ , __FILE__);
// Línea 73
 return 0;
}

El archivo es opcional.

#Pragma

La directiva #pragma se utiliza para enviar instrucciones especiales al compilador. Las opciones disponibles varían de un compilador a otro compilador, por lo que es recomendable consultar su documentación.

#Undef

La directiva #undef se utiliza para eliminar las macros definidas previamente con #define. Sintaxis:

#Undef macro

Ejemplo:

#Include
#include stdlib.h

int Main (void)
{
#define NUM 10
*   printf ("NUM: %d \n " , NUM) ,*
NUM #undef
return 0;
}

OPERADORES

El preprocesador también acepta los operadores especiales:

El operador

Este operador se utiliza para transformar una secuencia de caracteres de cadena dentro de una macro.

Ejemplo:

```
#Include
#include stdlib.h

int Main (void)
{
#define str (s) #s
    printf (str (C me gusta mucho.));
 return  0;
}
```

El operador

Este operador se denomina *operador de concatenación*.

Ejemplo:

```
#Include
#include stdlib.h

int Main (void)
{
#define cat (x, y) x ##y
    int cd = 10;
    printf ("%d \n " , cat (c , d));
 return  0;
}
```

Este programa imprimirá el número 10.

El operador defined

Este operador devuelve *verdadero* si la macro se define de la siguiente manera.

```
#Ifdef MI_MACRO
    puts ("mi mensaje");
#endif
```

```
/ * Estos tres líneas también se pueden escribir como * /
#if definedf MI_MACRO
     puts ("mi mensaje");
#endif
```
Es útil cuando se desea utilizar los operadores lógicos o para poner remedio a la falta de una directiva #elifdef

```
#Si se define MACRO_A
     puts ("AAA") ,
#elif definido MACRO_B
     puts ("BBB") ,
#elif defined MACRO_C && defined MACRO_D

     puts ("CCC") ,
#else
     puts ("EEE") ,
#endif
```

MACROS

El lenguaje C también define las macros:

__DATE__

La macro __DATE__ contiene la fecha de compilación con el formato mes/día/año.

__FILE__

La macro __FILE__ contiene el nombre del archivo que se compila actualmente. Podrá ser modificada por la Directiva #line.

__LINE__

La macro __LINE__ contiene el número de la línea actualmente compilada. Podrá ser modificada por la Directiva #line.

__TIME__

La macro __TIME__ contiene el momento de la compilación en el formato horas:minutos:segundos.

__STDC__

El contenido de la macro __STDC__ varía de compilador a compilador. Por lo general, si está definido, el compilador aceptará sólo el código C estándar.

HEADER (CABECERA)

En la tradición del lenguaje C que está utilizando los archivos de cabecera, o porciones de código, en el que, entre otras cosas, va a poner los prototipos de funciones y declaraciones de variables globales, a la que debe ser capaz de acceder al programa.

Para simplificar esta tarea de la fundición, a menudo un archivo incluido (#include) incluirá automáticamente a los demás, de los que el código puede confiar.

Cuando los programas superan un cierto tamaño, puede ser conveniente dividir la fuente en varios archivos, para este fin es necesario definir las variables utilizadas por los diversos módulos tales como extern. La mejor solución suele ser la siguiente: escribir un archivo de cabecera que contenga todas las declaraciones de las variables y las variables comunes a los distintos módulos. A continuación, se incluye la cabecera en cada uno de los módulos que lo utilizan.

He aquí un ejemplo (bastante trivial):

```
// Archivo mi_header.h
extern  int myVariable;
void display (void);
```

El siguiente archivo contiene la implementación de la función show ()

```
#Include
#include "mi_header.h"
void show (void)
{
  printf (" \ t %d \n " , myVariable);
}
```

De tal manera que se pueden utilizar en la función main ():

```
#Include
#include "mi_header.h"
int myVariable;

int Main (void)
{
    printf (" \ t Introducir el valor de la variable: \n  \ t ");
    scanf ("%d" ,  y myVariable);
    printf (" \ t Ha introducido: ");
    show ();

    return  0;
}
```

VISIBILIDAD

EL CONECTOR (el linker)

El programa que reúne a varios ficheros objeto para crear un archivo ejecutable (el conector) debe "vincularse" a las referencias cruzadas a los símbolos de variables y funciones. En la práctica, si el archivo uno.o se refiere a la función f () declarado en el archivo dos.o, lo que resulta en el programa de esta referencia debe ser resuelto con las direcciones correspondientes.

Para lograr estas referencias cruzadas, es necesario que las variables y las funciones utilizadas fuera de los archivos objeto en las que se declaran, se anuncien para permitir la llamada a otros archivos objeto. En cuanto a las variables y las funciones que se declaran y se utilizan exclusivamente en los mismos archivos de objetos, no necesitan este tipo de publicidad.

En los documentos que describen el lenguaje C estándar se utiliza una terminología específica para distinguir entre las dos situaciones: cuando una variable o una función se declara y se utilizan sólo internamente en los ficheros objeto reubicables en los que se encuentran, es suficiente tener una "conectabilidad interna" o un enlace interno; cuando también se utiliza fuera de los archivos de objetos en las que se declaran, requerirán una "conectabilidad externo", es decir, un enlace externo.

En el lenguaje C, el hecho de que una variable o una función sea accesible desde fuera del objeto de archivo-reubicable que se obtiene, se determina de forma implícita, de acuerdo con el contexto, en el sentido de que no hay ninguna clase de almacenamiento explícito para definir esta cosa.

ÁMBITO EN EL ARCHIVO DE ORIGEN

El archivo de origen que se obtiene después de procesar con el preprocesador se divide en componentes que consisten esencialmente en la declaración de variables y funciones (incluyendo prototipos). El orden en el que aparecen estos componentes determinan la visibilidad mutua: en principio, sólo puede acceder a lo que ya se ha dicho. Además, de forma predeterminada, después de la transformación en archivos objeto, estos componentes también son accesibles desde otros archivos, por lo que el orden de la declaración en el archivo original ya no es importante.

Cuando la variable se define en un lugar próximo a su uso, se debe declarar de antemano como "externa", a través de la clase de almacenamiento especificador extern.

Para aislar las funciones y las variables, de modo que estén disponibles para la vinculación con otros archivos, se consideran ser sólo para uso local a través de la clase de almacenamiento static.

Para acceder a una función o variable definida en otro archivo, debe considerarse localmente la función o la variable a través de la clase de almacenamiento extern.

VISIBILIDAD DENTRO DE LAS FUNCIONES

Dentro de las funciones son accesibles las variables globales declaradas fuera de estas, también son variables declaradas implícitamente que conforman los parámetros, de las que recibimos los argumentos de la llamada, y pueden agregar otras variables "locales". Los parámetros y otras variables que se declaran en la función son visibles sólo dentro de la propia función, además, si los nombres de las variables y de los parámetros son las mismas variables declaradas fuera, hace que estas sean inaccesibles temporalmente para las variables externas.

En condiciones normales, tanto las variables que constituyen los parámetros y las otras dos variables declaradas localmente dentro de una función, se borran con la propia función.

Dentro de una función, puede utilizar variables que hagan referencia a porciones de memoria que no se liberan a la salida de la función, mientras que el aislamiento respecto a las variables declaradas externamente. Usted consigue esto con la clase de almacenamiento static, no debe ser confundido con el mismo especificador utilizado para las variables declaradas fuera de las funciones. En otras palabras, cuando se declara una función de una variable con el modificador de clase de almacenamiento static, se preserva el contenido de esa variable para que vuelva a estar disponible en las llamadas subsiguientes de la función.

Como regla general, la declaración de una variable de este tipo coincide con su inicialización, en cuyo caso, la inicialización se realiza sólo cuando la función se llama la primera vez.

ALCANCE DE LOS BLOQUES DE INSTRUCCIONES

Las variables declaradas dentro de los bloques de instrucciones, o dentro de los paréntesis, se comportan exactamente como las declaradas dentro de las funciones: su alcance termina al salir del bloque.

VISIBILIDAD, ACCESIBILIDAD, STATIC

Cabe aclarar que hay una distinción entre la visibilidad de una variable y acceder a su contenido. Cuando se declaran las variables automáticas o statics de una función con un cierto nombre, si esta función a su vez llama a otra función en el interior que hace uso de variables con el mismo nombre, no se refieren a la primera función. Observe el ejemplo:

#Include

int x = 100;
int f (void)
{
    return x;
}

int Main (void)
{
    int x = 7;
    printf ("x == %d \n ", x);
    printf ("f () == %d \n ", f ());

    return 0;
}

La ejecución de este programa se obtiene lo siguiente:

x == 7
f () == 100

En la práctica, la función f () que utiliza la variable x, se refiere a la variable con ese nombre, declarada fuera de las funciones, que se inicializa con el valor 100, ignorando por completo que la función main () llama y opera sus propias variables automáticas con el mismo nombre. Por lo tanto, la variable automática x de la función main () no es visible para las funciones y esto a su vez a las llamadas.

Por otra parte, incluso si la variable automática x no es visible, su contenido puede ser accesible, desde su declaración hasta el final de la función (pero esto requiere del uso de punteros). Al final de la ejecución de la función, todas sus variables automáticas pierden su identidad y su espacio de memoria puede ser utilizado para otros datos (por otras variables automáticas de otras funciones).

Tenga en cuenta que se obtendría el mismo resultado, incluso si la variable x de la función main () se declara como static:

```
...
int Main (int argc , char  *argv [ ])
{
   static  int x =  7;
   printf ("x ==%d \n " , x);

   printf ("f () ==%d \n " , f ());
   return 0;
}
```

Las variables static, ya sea que se declaran fuera o dentro de las funciones, tienen en común realizan un consumo de memoria desde el principio hasta el final de la operación del programa, aunque desde el punto de vista del mismo programa no siempre son visibles. Por lo tanto, su memoria siempre estará disponible, aunque no sean visibles de forma temporal o si se encuentra fuera de su campo de acción, a través del uso de punteros. Por supuesto, el sentido común requiere que usted ponga la declaración de variables static fuera de las funciones, si estas deben ser manejadas por más de una función.

Las variables que utilizan la memoria desde el principio hasta el final del programa, pero que no son las variables static son las declarados fuera de las funciones, para la que el compilador prepara un símbolo que permite su identificación en los archivos de objeto. El hecho de que no sea estática permite que sean compartidas a través de múltiples archivos (entendidos como unidades de traducción), pero para el resto valen sustancialmente las mismas reglas de visibilidad. El sentido común sugiere que estas mismas variables sólo pueden ser declaradas fuera de las funciones, ya que las funciones en el interior con todo el montón de datos y porque, en cualquier caso, lo que es declarado dentro de la función deben tener una visibilidad limitada.

El lenguaje C, se caracteriza por dar al programador el control total sobre el desarrollo de su aplicación, sin ocultar nada, aun a costa de las dificultades iniciales.

Por lo tanto, mientras que en lenguajes como Python, Ruby o Java, la memoria es administrada por el recolector de basura, en C es responsabilidad del programador proporcionar la asignación de memoria y especialmente desasignarla.

Obviamente, para comprender los mecanismos de gestión de memoria, es necesario conocer la organización de la misma.

GESTIÓN DE LA MEMORIA

LA MEMORIA: stacky heap

Podemos imaginar que la memoria se divide en dos zonas: stack y heap. La memoria de stack es "fija", no cambia durante la ejecución del programa, por el contrario, la memoria heap es "dinámica", cuyas dimensiones pueden cambiar durante la ejecución de la aplicación.

Para entender mejor el concepto vamos a recurrir a un ejemplo práctico. Vogliasi crea software para la suma de dos números: instanciar dos variables con las que se gestiona el proceso lógico de lo anterior. En este caso sabemos que el número de valores con los que operamos, dos, y por lo tanto creamos dos variables. Pero puede haber situaciones en las que usted no conoce el número de valores con los que el programa se va a tener que enfrentar.

Este es el caso de las listas, una matriz cuyo tamaño crece y encoje. Imagina tener que almacenar en nuestro programa un número N de usuarios, no sabemos lo que sea y que puede variar durante la ejecución. ¿Cómo remediar esta situación?

FUNCIONES DE ASIGNACIÓN DINÁMICA

La asignación dinámica de memoria se produce generalmente a través de la función malloc () o calloc, () que se definen en la biblioteca stdlib.h estándar. Si no lo hacen así, devuelve el puntero a la memoria asignada, de lo contrario, devuelven NULL.

*void * malloc (size_t size);*
*void * calloc (size_t cantidad, tamanio size_t);*

La diferencia entre las dos funciones es que la primera, malloc (), se utiliza para asignar un área de un cierto tamaño, por lo general expresado en bytes, mientras que el segundo, calloc (), permite indicar una cantidad de elementos y la asignación de la matriz.

Para utilizar estas funciones para asignar memoria, debe conocer el tamaño de los tipos primitivos de datos, pero para evitar la incompatibilidad deberá utilizar el operador sizeof.

El valor devuelto por estas funciones es de tipo void *, es decir, un tipo de puntero neutral, independiente del tipo de datos a utilizar. Por esta razón, en principio, antes de la asignación de un puntero al resultado debe de realizar la asignación de estas funciones, debe realizar un cast.

```
int  * pi = NULL ,
/ *... * /
pi =  (int  *)  malloc  (sizeof  (int));

if  (pi ! = NULL)
  {
  // El puntero es válido y entonces procede.
  / *... * /
  }
else
  {
  // La memoria no se ha asignado y hace algo
  // alternativo.
  / *... * /
  }
```

Como se puede ver en el ejemplo, el elenco se ejecuta con la notación (int *) que requiere una conversión explícita a un puntero a int. El estándar de C no requiere el uso de este molde, y a continuación, la muestra se puede reducir a lo siguiente:

...

pi = malloc (sizeof (int));

...

La memoria asignada dinámicamente debe ser liberada explícitamente cuando ya no sea necesaria. Para esto se utiliza free (), simplemente requiere que el puntero no devuelva nada.

*void free (void * puntero);*

No debe desasignar más de una vez en la misma zona de memoria, ya que esto puede causar efectos impredecibles.

```
int  * pi = NULL ,
/ *... * /
pi =  (int  *)  malloc  (sizeof  (int));

if  (pi ! = NULL)
  {
    // El puntero es válido y entonces procede.
    / *... * /
    free  (pi);  // Liberar la memoria
    pi = NULL; . // para la seguridad y restablece el puntero
    / *... * /
  }
else
  {
    // La memoria no se ha asignado y hace algo
    // alternativo.
    / *... * /
  }
```

realloc ()

El estándar proporciona una característica adicional para la reasignación de memoria: realloc (). Esta función se usa para volver a definir el área de memoria con un tamaño diferente:

*void * realloc (void * puntero, tamanio size_t);*

En la práctica, la reasignación deberá poner a disposición el mismo contenido que ya se utiliza, sin perjuicio de la posibilidad de que este se haya reducido en la parte final. Si por el contrario el tamaño en la solicitud de reasignación es mayor que el anterior, el espacio añadido puede contener datos aleatorios. La operación de reasignación () no está garantizada, por lo tanto, se debe de comprobar una vez más, después de su uso, que el puntero obtenido sigue siendo válido.

CGI

LAS PÁGINAS ESTÁTICAS Y PÁGINAS DINÁMICAS

Se llaman páginas estáticas son las páginas web que no requiere ningún procesamiento por parte del servidor. Una página dinámica es una página que no está presente físicamente en el disco duro del servidor web, sino que se construye sobre la marcha, a través de una interfaz de aplicación (CGI), script o código dedicado (en PHP o ASP). El mecanismo de CGI extiende y generaliza la interacción de petición/respuesta del protocolo HTTP. Ahora se describe paso a paso el mecanismo de CGI, el proceso puede ser dividido en 4 fases:

- Envío de una orden - El navegador (cliente HTTP) hace una petición a un servidor HTTP identificado por la siguiente dirección
  - URL: http://www.nomesito.com/cgi-bin/hello.cgi? podemos identificar el servidor HTTP: http: // www.nombresitio.com y el procedimiento de CGI: cgi-bin/hello.cgi. El directorio /cgi-bin es un subdirectorio del servidor Web que contiene las aplicaciones CGI.
- Habilitación de CGI - El servidor HTTP recibe la dirección URL, la interpreta y pone en marcha el proceso (o thread) que ejecuta el CGI.
- Respuesta del CGI - El resultado del cálculo debe dar lugar a una respuesta en la página HTML, CGI envía a la salida estándar (el STDOUT para CGI es interceptado por el servidor HTTP), teniendo en cuenta lo que debería ser el formato de una respuesta HTTP.
- Respuesta del servidor HTTP - entonces el servidor HTTP envia la respuesta al cliente que realizó la solicitud. Veamos ahora cómo escribir un CGI en C, tomando como inspiración una aplicación que imprime en una página web 'hola mundo':

```
// El hello.c CGI
#include
int Main (void)   {
/ * Información necesaria para la respuesta * /
   printf ("Content-type: text / html \n \n ");

   / * Enviamos a etiquetas HTML STDOUT * /
   printf ("<html> \n "
       "head \n "
       "<title> Hello World </ title> \n "
       "</ head> \n "
       "< body> \n "
       "<h1> <p align = \ " centro \ " > Hello World </ p> </ h1>
\n "
       "</ body> \n "
       "</ html> \n ");
   return  0;
}
```

Siguiendo el presente programa en el directorio */cgi-bin* de nuestra
extensión del servidor web *.cgi* (leer la documentación del
compilador para hacer esto), se obtiene un ejecutable CGI que
podemos ver dentro de nuestro navegador como se ve
arriba *http://www.misitio.com/cgi-bin/hello.cgi.* Examinar   del
código no es nada absurdo, teniendo en cuenta que la salida estándar
de un CGI se redirige directamente al cliente HTTP. Digno de
mención es la siguiente línea:

printf ("Content-Type: text / html \n \n ");

Su propósito es especificar al cliente HTTP el tipo de contenido que
se va a enviar (en este caso el texto HTML). Sin esta especificación,
el cliente no sabe cómo comportarse e imprimirá una página en
blanco. Observe las dos líneas en blanco, son absolutamente
necesarias por las convenciones del protocolo HTTP. La salida
estándar de la señal se almacena en la caché por el navegador, y
genera una página web con el contenido especificado. Echemos un
vistazo a un reloj rudimentario que envía al cliente una página web

HTTP que contiene la hora del servidor utilizando la biblioteca *time.h*:

```
/ *ahora casi exacta * /
#include
#include <time.h>

int Main (void)   {
  time_t bintime;
  struct tm * CURTIME;

  printf ("Content-Type: text / html \n \n ");
  ....

  y hora: %s \n " , asctime (CURTIME)); printf ("</ h1> \n "); printf ("</ body> \n "); printf ("</ html> \n ");
  ....
  return  0;
}
```

PETICIONES GET Y POST

El principal uso de CGI es que también puede interactuar con el usuario final por medio de los datos introducidos por un usuario a través de formularios u otros medios. Para ello, el protocolo HTTP proporciona dos métodos: el método GET y el método POST.

GET

En el método GET carga los datos introducidos por el usuario o los datos proporcionados por el programador por medio de una URL, y su contenido, a nivel del sistema de servidores, termina en una variable de retorno llamada QUERY_STRING. Por ejemplo, imagine que tiene el siguiente código HTML (recuerde que la elección del método, GET o POST se debe de hacer a nivel del código del formulario HTML):

```
< form  method = GET action = /cgi-bin/cge1>
 ¿Cuál es tu nombre? < input  type = "text"  name = "nombre" >
< br / >
 < input  type = "submit"  value = "Click" >
< / form >
```

Se trata de un simple formulario HTML que le pregunta al usuario cómo se llama y envía la cadena introducida por el usuario'a través del método GET (por convención, los ejecutables CGI se colocan en el directorio del servidor /cgi-bin). Si guardamos esta página como "user.html 'después de hacer clic en el botón 'Click' la solicitud será enviada a través del método GET hacia cge1, a continuación, que se llama de la siguiente manera: http://www.misitio.org/cgi-bin/my_cgi?name=*nombre_insertado*. En caso de que haya más campos además del nombre (por ejemplo, un campo "password") habría tenido que escribir algo como esto:

http://www.misitio.org/cgi-bin/cge1?name=nombre_insertado&password=password_insertado.

En la práctica, cuando enviamos una solicitud GET mediante el ejecutable CGI se invoca a través de una estructura de URL como esta: http://www.misitio.org/cgi-bin/my_cgi?campo1=valor1&campo2=valor2&campo3=valor3...

Ahora imaginemos que nuestro ejecutable cge1 debe leer el nombre introducido por el usuario y generar una página HTML de bienvenida (por ejemplo, "foo Bienvenido! '). Este es un posible código C:

#Include
#include stdlib.h

*/ * Función que convierte los caracteres especiales*
 dentro de la cadena introducida por el usuario en
 caracteres ASCII legibles Se toma como parámetros de la cadena
de origen, la cadena destino y la longitud de la cadena a 'uncodare'
* /

```c
void descodificar (char * src ,  char  * dest ,  int len);
```

/ * Función para escribir
un campo de una consulta
Toma como parámetros de la consulta para buscar el nombre del
campo que desea buscar (en el "nombre" este caso) * /
```c
Char* get_field (char  * consulta ,  char  * campo);
```

```c
int Main (void)  {
  char  * consulta , * nombre ,
  int len;
```

```c
  // Creo la página HTML
  printf ("Content-type: text / html \n \n ");
  printf ("<html> \n "
      "head \n "
      "<title> página de bienvenida </ title> \n "
      "</ head> \n "
      "<body> \n ");
```

/ * Si la solicitud GET no contiene nada, la página ha sido llamada
incorrectamente, entonces salgo * /
```c
  if ((consulta = getenv ("QUERY_STRING")) == NULL)  {
    printf ("<h3> Página llamada incorrectamente </ h3> \n "
        "</ body> </ html> \n ");
    exit (1);
  }
```

/ * Controla la longitud de la consulta y
Puede crear una cadena, siempre y cuando la consulta que
contendrá el nombre introducido por el usuario

Recordemos que consulta ahora tendrá una cadena
'name = foo' del tipo * /
```c
len = strlen (consulta) ,
nombre =  (Char*)  malloc (len * sizeof (Char));
/ Campo nombre contendrá el nombre "nombre" de la consulta
nombre = get_field (consulta , "name");
```

```
printf ("%s <h3> Bienvenidos </ h3>! \n "
    "</ body> </ html> \n ", nombre);

exit (0);
}

Char* get_field (chat  * consulta ,  chat  * campo)  {
    int i , j , len , pos ,
    chat  * tmp ,  * input;

    // Len es la longitud de la consulta 1
    len =  strlen (consulta) + 1;

    / * Tmp será el patrón de búsqueda dentro de la consulta
       En nuestro caso, contendrá la cadena "name =" * /
    tmp   = (Char*)  malloc ( (strlen (campo) + 1) * sizeof (Char)
);

    / * La entrada es tan larga como la consulta, y contendrá el
campo que queríamos * /
    input = (Char*)  malloc (len * sizeof (Char));

    // Tmp <- nombre foo =
    sprintf (tmp ,  "%s =" , campo);

    // Si la consulta no se encuentra dentro del campo requerido,
salgo
    if (strstr (consulta , tmp) == NULL)
        return NULL;

    / * busca una posición dentro de la consulta
       donde se encuentra el campo de nombre * /
    pos = ( (int)  strstr (consulta , tmp) - (int) consulta) + (strlen
(campo) + 1);

    / * Este ciclo se termina cuando se reunió con un '&' en la
consulta (es decir, cuando comienza un nuevo campo), o cuando la
cadena es finalizada
```

Al final, contiene el número de caracteres en total en el patrón de búsqueda */*

```
for  (i = pos; ; i + +)  {
    if (consulta [ i ] == ' \ 0 ' || consulta [ i ] == 'y')  break;
}
```

```
// Guardar el contenido de la pregunta Estoy interesado en la entrada
for  (j = pos; j < i , j + +)
    input [ j - pos ] = consulta [ j ];
```

```
// Input 'descodificador', por lo que ningún carácter especial es humanamente legible
descodificar (input, input, len);
```

```
Entrada // Retorno
Return input;
}
```

```
void descodificar (char  * src ,  char  * dest ,  int len)  {
    int i , código;

    // Bucle hasta que lee todos los caracteres especificados
    for  (i = 0; i < len; i + +, srC++ dest + +)  {
        // Si el carácter actual de src es un '+', que se convierte en un espacio"
        if (* src == '+')  * dest = '';
```

```
        // Si el carácter actual es un '%'
        else  if (* src == '%')  {
            / * Si el siguiente carácter no es un carácter válido, el carácter objetivo será un '?' de lo contrario será el carácter ASCII correspondiente * /
            if (sscanf (src + 1 ,  "%2x" ,  y codigo)  =! 1) Codigo = '?';

            * dest =  (Char) código;

            // Leer el siguiente carácter
            src + = 2;
```

```
    }

    / * Si es un alfanumérico estándar y caracteres especiales, a
continuación, el carácter objetivo es igual a la fuente * /
    char  * dest = * src;
}

    // Fin de la cadena destino
    dest [ len ] = ' \ 0 ';
}
```

La función descodificar es indispensable. De hecho, si el usuario
fuera a insertar espacios o caracteres especiales en cualquier lugar
dentro del formulario (o caracteres no alfanuméricos) en éstos serán
traducidos el QUERY_STRING con los códigos ASCII
correspondientes precedidos por un "%". Por ejemplo, si el usuario
introduzca 'foo villano ", la consulta se convierten en
name=foo+villano. Para convertir al carácter que en un principio fue
introducido por el usuario es necesario ir a través de
descodificar.Para las funciones de conveniencia se debe mantener
get_field y descodificar en un lugar listo para su uso, teniendo en
cuenta su utilidad dentro del CGI en C.

POST

La elección del método GET y del método POST está ligada a una
política de planificación específica, por lo general las solicitudes
GET se deben utilizar solamente para los campos pequeños. No es
una buena idea utilizar peticiones GET, por ejemplo, para enviar un
mensaje enviado por un usuario en un foro, ya que será una URL
muy larga y no tendrá sentido.También tiene mucho riesgo usar
GET en un formulario de inicio de sesión, ya que pasa los datos de
autenticación en la URL sin codificar. En todos estos casos (y otros),
es aconsejable utilizar el método POST.

El método POST genera una cadena de consulta que es igual en
todos los aspectos a la generada por el método GET (en nuestro caso,
siempre name=nombre_insertado). La diferencia es que el método

GET requiere que la consulta sea enviada al servidor a través de la variable de entorno QUERY_STRING, mientras que a nivel de cliente está incrustado en la propia URL. El método POST en su lugar establece que la consulta se envía desde el cliente al servidor en el propio paquete HTTP, y es leído por el servidor como si se tratara de una entrada normal (es decir, con scanf, obtiendo fgets). Antes de enviar la consulta real el cliente envía al servidor una cadena que identifica la longitud de la consulta que se está enviando. Esta cadena es guardada por el servidor en la variable de entorno CONTENT_LENGTH. De esta manera, el servidor recibe la longitud de la consulta que se está enviando, prepara un paquete del tamaño adecuado y después leera la consulta con funciones para la lectura de entrada ya vistas anteriormente. Después el procedimiento sigue siendo el mismo, es decir, la lectura de los contenidos de una variable con un método tal como get_field y de caracteres están codificados con un método como descodificar.

He aquí un ejemplo de código HTML que envía los datos del formulario a través del método POST (un ejemplo típico, el envío de un mensaje en un formulario que se envía a un ejecutable CGI y se imprime en la pantalla):

```
<form method="POST" action="/cgi-bin/cgi2">
Inserte su mensaje:<br>
<textarea cols=50 rows=4 wrap="physical" name="msg"/><br>
<input type="submit" value="Enviar"/>
</form>
```
Y aquí está la aplicación CGI que lo gestiona:

```
#Include
#include stdlib.h

/ * El contenido de las funciones de get_field () y descodificar () es
lo mismo que se ve en el código anterior * /
void unencode (char*src, char*dest, int len);
char* get_field(char*query, char*field);

int main(void) {
  char*query, *msg;
```

```c
    int len;

    // Genero la pagina HTML
    printf ("Content-type: text/html\n\n"
        "<html>\n"
        "<head>\n"
        "<title>Mensaje Insertado</title>\n"
        "</head>\n"
        "<body>\n");

    /* Si la variable de entorno CONTENT_LENGTH está vacía, o las
    conversiones en entero con sscanf no produce un entero valido, esco
    */

    if (getenv("CONTENT_LENGTH") == NULL ||
      sscanf ((char*) getenv("CONTENT_LENGTH"),
          "%d", &len) != 1)
    {
      printf ("Contenido no válido\n"
          "</body></html>\n");
      exit(1);
    }

    query = (char*) malloc (++len*sizeof(char));

    fgets (query,len,stdin);

    msg = get_field (query, "msg");

    printf ("Mensaje insertado:<br>\n%s\n",msg);
    exit(0);
}
```

ANEXO LIBRERIAS ESTANDAR

La biblioteca C estándar ANSI consta de 24 archivos de cabecera de C que pueden ser incluidos en el proyecto de un programador con una sola directiva.

De éstos, 15 son parte de la norma ANSI que se publicó en 1989 (llamada *C89*), se añadieron 3 del *Reglamento Enmienda 1* (*NA1*), ratificado en 1995, y el último 6 se añadieron en 1999 con una nueva adición a la norma ANSI (*C99*).

Biblioteca del encabezado archivos ANSI C (*C89*)

Nombre	Descripción
\<assert.h>	Contiene la macro asignedr, que se utiliza de referencia para identificar los errores lógicos y otros tipos de errores en las versiones de depuración de un programa.
\<ctype.h>	Este archivo de encabezado contiene funciones utilizadas para clasificar los caracteres en función de sus tipos o convierte las mayúsculas a minúsculas, independientemente del conjunto de caracteres utilizado (generalmente ASCII, pero también hay implementaciones a través del " EBCDIC).
\<errno.h>	Se usa para comprobar los códigos de error devueltos por las funciones de la biblioteca.
\< float.h>	Contiene constantes definidas que indican las propiedades específicas de la aplicación de la biblioteca de punto flotante, como la diferencia mínima entre dos números en coma flotante (_EPSILON), el número máximo de

	dígitos significativos (_DIG) y el rango de números que puede ser representados (_MIN, _Max).
\<limits.h\>	Contiene constantes definidas que indican las propiedades específicas de la aplicación de los tipos de número entero, tales como el rango de números representables (_MIN, _Max).
\<locale.h\>	Para setlocale () y constantes relacionadas. Se utiliza para seleccionar el código local apropiado.
\<math.h\>	Se usa para las funciones matemáticas comunes.
\<setjmp.h\>	Declara setjmp/longjmp, utilizado para saltos no locales.
\<signal.h\>	Se usa para comprobar varias condiciones de excepción.
\<stdarg.h\>	Utilizado por las funciones que aceptan un número variable de parámetros.
\<stddef.h\>	Para definir los distintos tipos y macros útiles.
\< stdio.h\>	Proporciona la funcionalidad básica de la entrada/salida de C. Este archivo incluye el venerable prototipo de función printf.
\<stdlib.h\>	Se usa para llevar a cabo un gran número de operaciones, incluyendo la conversión, números pseudoaleatorios, asignación de memoria, el control del proceso, las variables de entorno, señales, búsqueda y clasificación.
\<string.h\>	Se usa para manipular cadenas.

< time.h>	Se usa para convertir entre varios formatos de fecha y hora.

Adiciones *NA1*

Nombre	Descripción
<iso646.h>	Se usa para programar en el juego de caracteres ISO 646.
<wchar.h>	Se usa para manipular streaming o una cadena que contenga caracteres extendidos - especiales para soportar a una larga lista de lenguajes con caracteres no occidentales.
<wctype.h>	Se usa para la clasificación de caracteres extendidos.

La adición de *C99*

Nombre	Descripción
< complex.h >	Son un grupo de funciones utilizadas para manipular los números complejos.
< inttypes.h >	Se usa para realizar conversiones precisas entre tipos enteros.
< fenv.h >	Se usa para controlar el entorno en coma flotante.
< stdbool.h >	Se usa para un tipo booleano.

< stdint.h >	Se usa para definir los diversos tipos de enteros.
< tgmath.h >	Son funciones matemáticas que se pueden utilizar independientemente del tipo del argumento.

assert.h es el archivo de encabezado de la biblioteca C estándar que define la macro assert (). Esta macro implementa un sistema de control de asignaciones, que se pueden utilizar para verificar y controlar la posible aparición de casos "imposibles" en el programa.

Nombre	Descripción
assert ()	Cuando se ejecuta esta macro, se calcula el resultado del que se avisó: si resulta ser falsa (en otras palabras, si el valor final resulta ser 0), asignedr escribe alguna información de depuración a stderr y luego llama a la función abort (). La información en stderr incluyen: • el texto de la expresión que devuelve el resultado 0 • el nombre del archivo de origen (la macro __ FILE__ defecto) • el número de línea en el que aparece el error de aserción (la macro predefinida __ LINE__)

La utilidad de la macro assert () reside en la sencillez con la que se puede comprobar una declaración que usted cree, en un contexto dado, trivialmente obvio: por ejemplo, volver a comprobar el valor de una variable en la que los controles ya se llevan a cabo. En el siguiente código, la macro assert () se utiliza para comprobar que el valor de la "elección" variable está realmente incluido en el rango válido, a pesar de que la salida del bucle while asigne implícitamente la vercidad de esta condición.

```
int opción =  0;
 do {
     / * Veo un menú con 4 opciones numeradas de 1 a 4 */
     scanf ("%d",  &opcion);
 } while  (opcion < 1  || opcion > 4);
     / * primer bloque de las operaciones realizadas de acuerdo con el
valor seleccionado */
     asignedr (opcion > = 1  && eleccion <= 4);
     / * Segundo bloque de operaciones llevado a cabo de acuerdo con
el valor seleccionado */
```

Usando assert (), el programador se asegura una vez más que la condición que provocó la salida del bucle while mientras que siga siendo cierta: en este caso, por ejemplo, se asegura de que no haya cambios accidentalmente del valor de la variable de opcion dentro de las primeras operaciones.

El uso de assert () debe limitarse a la fase de desarrollo de un programa: la brutalidad del método para cerrar el ejecutable y la escasez de información sobre el error que aparece en la pantalla, sería muy frustrante para el usuario final si se utiliza en la versión final de la aplicación. Una buena programación sobre esta cuestión tiene que ser explicada al usuario que desencadenó el problema y, si no es posible llevar a cabo su ejecución, permitir que al menos un rescate parcial del estado del programa. Para esto, haremos un código similar a:

```
int  *ptr =  malloc (sizeof (int)  *  10);
assert (ptr =! NULL);
/ * puntero al ptr */
```

Este no es un uso óptimo de asignedr (), porque, aunque rara vez, es posible que la asignación dinámica de memoria falle.

Cuando el programador ya no necesita las asignaciones, en vez de eliminarlas todas manualmente pueden definir la constante NDEBUG antes de incluir el encabezado del archivo de origen assert.h: de esta manera, la macro assert () se expande explícitamente en:

#Define asignedr (ignore) ((void) 0)

eliminando así todas las posibles interacciones con el programa. Sin embargo, hay que señalar que, en este caso, la expresión pasó a assert () no se evalúa: eventualmente cualquier expresión con efectos colaterales como

asignedr (i + +);*

podría modificar la lógica del programa dependiendo menos de la definición de la constante de NDEBUG. En este ejemplo, al final de la verificación de la asignación, el valor del puntero i se incrementa en una unidad en el caso de que NDEBUG no esté definida, mientras que en caso contrario se mantendrían sin cambios.

LIBRERÍAS ESTÁNDAR DE C

ctype.h

ctype.h es el archivo de cabecera dentro de la biblioteca estándar de C, declara funciones que se utilizan para la clasificación de caracteres.

FUNCIONES

El archivo ctype.h contiene una docena de funciones de clasificación de caracteres: todos ellos son dependientes de la configuración regional del sistema, excepto isdigit (). Por otra parte, las funciones se pueden dividir en dos subgrupos: los que se usan para la verificación del carácter y las que se usan para la conversión del mismo.

Nombre	Descripción
Las funciones para la verificación del carácter devuelven cero si es falso o un número distinto de cero si es cierto.	
int isalnum (int ch)	Comprueba que el carácter pasado es *alfanumérico*.
int isalpha (int ch)	Comprueba que el carácter pasado es *alfabético*.
int isblank (int ch)	Comprueba que el carácter pasado está en *blanco*, que no es visible en la pantalla (espacio o tabulador). (Introducido por C99)

int iscntrl (int ch)	Comprueba que el carácter pasa *el control.*
int isdigit (int ch)	Comprueba que el carácter pasado es *numérico.* (No dependiente de la configuración regional)
int isgraph (int ch)	Comprueba que el carácter pasado es *gráfico*, que tiene un glifo asociado con él. Los caracteres de espacio, por ejemplo, no se consideran *gráficos.*
int islower (int ch)	Comprueba que el carácter pasado es *minúscula.*
int isprint (int ch)	Comprueba que el carácter pasado es *imprimible.*
int ispunct (int ch)	Comprueba el pasado carácter y la *puntuacion.*
int isspace (int ch)	Comprueba que el carácter pasado es de *espaciado.*
int isupper (int ch)	Comprueba que el carácter pasado es *mayúscula.*
int isxdigit (int ch)	Comprueba que el carácter pasado es *hexadecimal*, es decir, constan de 0-9 o af o AF.
Funciones para convertir caracteres devuelven el carácter convertido.	

int tolower (int ch)	Convierte el carácter pasó a su correspondiente minúscula si es aplicable.
int toupper (int ch)	Convierte el carácter pasa a su correspondiente mayúscula, si es aplicable.

ERRORES COMUNES

El estándar C99 establece claramente (§ 7.4-1):

En todos los casos en los que los argumentos sean del tipo int, el valor de lo que debe ser representable como un unsigned char debe ser equivalente al valor de la macro EOF. Si el argumento adquiere otro valor, el comportamiento no está definido.

Por desgracia, hay muchos programadores que olvidan que una variable de tipo **char** puede ser asignada sin una señal, dependiendo de la implementación. Si el tipo de **caracteres** de la asignación, la conversión implícita de **char** a **int** podría generar valores negativos, que generan un comportamiento indefinido. Generalmente sucede cuando se utiliza un argumento negativo como un índice en una tabla de búsqueda, entra en una zona fuera de la tabla en sí y potencialmente en zona fuera de la memoria asignada por el programa.

La forma correcta de utilizar los parámetros de **char** es para realizar parte de un casting a **unsigned char**.

errno.h

errno.h es la cabecera de la biblioteca estándar de C que contiene definiciones de macros para el manejo de situaciones de error.

Nombre	Descripción
EDOM	Constante de número entero positivo que indica un error de dominio, como en sqrt (-1).
EILSEQ	Constante de número entero positivo que indica una secuencia de bytes ilegal.
ERANGE	Constante de número entero que indica un resultado positivo demasiado grande y por lo tanto no puede ser representado.

La biblioteca funciona así: cada vez que se produce un error en una función matemática (que se define en math.h), devuelve un valor significativo y documentado para indicar genéricamente la situación. Al mismo tiempo, se establece **errno** (un *valor* editable, es decir, simplificando, una variable), con el valor que indica el error específico que se ha producido, que se define en esta biblioteca. El valor de *errno* al inicio del programa es cero y se garantiza que ninguna función de biblioteca que se restablezca, el programador, en la función que llama a las fuciones matemáticas que pueden generar el error, debe restablecer el valor de *errno* antes de la llamada y posteriormente a ello, comprobar el valor antes de llamar a otras funciones que podrían modificar *errno*.

float.h

float.h es un archivo de cabecera de la biblioteca estándar de C que contiene macros, que se expanden a diferentes límites y parámetros de los tipos de punto flotante (*float*) estándar.

Las macros, tal como se define en la norma ISO 9899:1999 apartado 5.2.4.2.2 son:

- FLT_ROUNDS - especifica el tipo de redondeo realizado en adiciones de punto flotante, con los siguientes valores:
  - -1 indeterminado;
  - 0 truncamiento (redondeo hacia cero);
  - 1 redondeo hacia el más próximo;
  - 2 redondeo hacia el infinito positivo;
  - 3 redondeo hacia el infinito negativo;
  - otros valores que indican redondeo definido.
- FLT_EVAL_METHOD - determina la evaluación de las expresiones con todos los tipos de punto flotante:
  - -1 indeterminado;
  - 0 evalua todas las operaciones y constantes exclusivamente a la precisión de los tipos de pertenencia;
  - 1 evalúa todas las operaciones y las constantes de tipo float y double a la variedad y precisión del tipo double;
  - 2 evaluar todas las operaciones y constantes en el rango y la precisión del tipo de double long;
  - otros valores indican el comportamiento definido por la implementación.
- FLT_RADIX - la base de la notación exponencial (al menos 2).
- FLT_MANT_DIG , DBL_MANT_DIG , LDBL_MANT_DIG - número de dígitos en la mantisa.
- DECIMAL_DIG - (al menos 10)
- FLT_DIG , DBL_DIG , LDBL_DIG - (al menos 6 , 10 , 10)
- FLT_MIN_EXP , DBL_MIN_EXP , LDBL_MIN_EXP
- FLT_MIN_10_EXP , DBL_MIN_10_EXP , LDBL_MIN_10_EXP , (por lo menos -37)
- FLT_MAX_EXP , DBL_MAX_EXP , LDBL_MAX_EXP
- FLT_MAX_10_EXP , DBL_MAX_10_EXP , LDBL_MAX_10_EXP (al menos 37)
- FLT_MAX , DBL_MAX , LDBL_MAX - (al menos 1E+37)
- FLT_EPSILON , DBL_EPSILON , LDBL_EPSILON - (al menos 1E-5 , 1E-9 , 1E-9)
- FLT_MIN , DBL_MIN , LDBL_MIN - (al menos 1E-37)

El encabezado del archivo (cabecera) **limits.h** define las características de los tipos de variables.

VALORES DEFINIDOS

Nombre	descripción
CHAR_BIT	Número de bits en un byte.
SCHAR_MIN **SCHAR_MAX**	Respectivamente, el mínimo y el máximo de un char con signo.
UCHAR_MAX	Valor máximo de un char con signo.
CHAR_MIN **CHAR_MAX**	Estos definen los valores mínimo y máximo para un carácter. Si se representa como un entero con signo, sus valores son los mismos que un carácter con signo (SCHAR). De lo contrario CHAR_MIN CHAR_MAX es 0 y es igual a UCHAR_MAX.
MB_LEN_MAX	Número máximo de bytes de un carácter multibyte.
SHRT_MIN **SHRT_MAX**	Respectivamente, el mínimo y el máximo de un entero short con signo.
USHRT_MAX	Máximo de un entero short unsigned.
INT_MIN **INT_MAX**	Respectivamente, el mínimo y el máximo de un número entero.

UINT_MAX	Máximo de un entero unsigned.
LONG_MIN	Respectivamente, el mínimo y el
LONG_MAX	máximo de un número entero de long.
ULONG_MAX	Máximo de un long unsigned.

locale.h

La cabecera locale.h es útil para establecer información específica. Estos definen la estructura lconv y las constantes NULL, LC_ALL, LC_CTYPE, LC_MONETARY, LC_NUMERIC, LC_TIME y funciones: localeconv (), setlocale ();

LA ESTRUCTURA lconv

La estructura lconv se define de la siguiente manera

```
struct lconv {
  char*decimal_point;
  char*thousands_sep;
  char*grouping;
  char*int_curr_symbol;
  char*currency_symbol;
  char*mon_decimal_point;
  char*mon_thousands_sep;
  char*mon_grouping;
  char*positive_sign;
  char*negative_sign;
  char int_frac_digits;
  char frac_digits;
  char p_cs_precedes;
  char p_sep_by_space;
  char n_cs_precedes;
  char n_sep_by_space;
```

char p_sign_posn;
char n_sign_posn;
}

La siguiente estructura utiliza localeconv ():

struct lconv *localeconv (void);

Establece el escenario lconv para la localización actual. Los punteros de cadena de la estructura pueden apuntar a una cadena nula que indica que el valor no está disponible. Los tipos CHAR son números no negativos. Si el valor es CHAR_MAX, entonces el valor no se encuentra disponible.

DESCRIPCIÓN DE LOS ELEMENTOS DE LA ESTRUCTURA

decimal_point	Punto decimal de caracteres para los valores no monetarios.
thousands_sep	Separador de miles utilizado para valores no monetarios.
grouping	Cadena que indica el tamaño de cada grupo de dígitos en cantidades no monetarias. Cada carácter representa un número entero que indica el número de dígitos en el grupo actual. El valor 0 significa que el valor anterior, debe ser utilizado para el resto de los grupos.
int_curr_symbol	Cadena utiliza para los símbolos monetarios internacionales.

currency_symbol	Símbolo utilizado para la moneda local.
mon_decimal_point	Carácter de punto decimal usado para valores monetarios.
mon_thousands_sep	Carácter para agrupar miles de valores monetarios.
mon_grouping	Cadena cuyos elementos definen el tamaño del grupo de dígitos para los valores monetarios. Cada carácter representa un número entero que indica el número de dígitos en el grupo actual. El valor 0 significa que el valor anterior debe ser utilizado para el resto de los grupos.
positive_sign	Fuente utilizada para el signo positivo en los valores monetarios.
negative_sign	Carácter para el signo menos en los valores monetarios.
int_frac_digits	Número de decimales después de la coma decimal en los valores monetarios internacionales.
frac_digits	Número de decimales después de la coma decimal en valores monetarios.
p_cs_precedes	Si es igual a 1, entonces el símbolo monetario aparece antes de un valor monetario positivo. Si es igual a 0, el símbolo monetario aparece después de un valor monetario positivo.

p_sep_by_space	Si es igual a 1, entonces el símbolo monetario está separado por un espacio de un valor monetario positivo. Si es igual a 0, entonces no hay espacio entre el símbolo monetario y el valor monetario positivo.
n_cs_precedes	Si es igual a 1, el símbolo monetario precede a un valor monetario negativo. Si es igual a 0, el símbolo monetario después de un valor monetario negativo.
n_sep_by_space	Si es igual a 1, entonces el símbolo monetario está separado por un espacio de un valor monetario negativo. Si es igual a 0, entonces no hay espacio entre el símbolo monetario y el valor monetario negativo.
p_sign_posn	Representa la posición del positive_sign en un valor monetario positivo.
n_sign_posn	Representa la posición del negative_sign en un valor monetario negativo.

Ejemplo

<locale.h> #include
#include
int Main (void)
{
    struct lconv * ptrLocale = localeconv ();

printf ("Punto decimal: %s", ptrLocale -> decimal_point);
printf ("Separador de miles: %s", ptrLocale -> thousands_sep);
printf ("Agrupación: %s", ptrLocale -> grouping);
printf (" símbolo de moneda internacional: %s ", ptrLocale ->
int_curr_symbol);
printf ("Símbolo de moneda: %s", ptrLocale ->
currency_symbol);
printf ("El punto decimal es monetaria:%s", ptrLocale ->
mon_decimal_point);
printf (" Separador monetario de miles: %s ", ptrLocale ->
mon_thousands_sep);
printf ("Agrupación de dinero: %s", ptrLocale ->
mon_grouping);
printf ("Signo positivo monetaria: %s", ptrLocale ->
positive_sign);
printf (" Signo negativo monetario: %s ", ptrLocale ->
negative_sign);

return 0;
}

setlocale

La función setlocale () se define como sigue:

*Char * setlocale (int category, const char *locale);*

Establece o lee la información dependiente de la localización. category puede ser uno de los siguientes:

LC_ALL	Establece todo.

LC_COLLATE	Actúa sobre las funciones *strcoll* y *strxfrm*.
LC_CTYPE	Actúa sobre todas las funciones para las fuentes.
LC_MONETARY	Que actúa sobre la información monetaria proporcionada por *localeconv*.
LC_NUMERIC	Actúa sobre el formato de punto decimal y la información proporcionada por *localeconv*.
LC_TIME	Actúa sobre la función *strftime*.

El valor de "C" para los locale pone la configuración básica de C. Una cadena vacía ("") para los locale define el entorno nativo de la configuración. Un puntero de retorno nulo (NULL) para setlocale es un puntero a la cadena asociada a la categoría de los ajustes actuales (no se producen cambios). Si el cambio se realiza correctamente, setlocale devuelve un puntero a una cadena que representa el valor anterior. En caso de fallo, devuelve NULL.

Ejemplo

```
<locale.h> #include
#include

int Main (void)
{
 char  * ptrOldLocale;

 ptrOldLocale = setlocale (LC_ALL , "C");
 printf ("Los ajustes anteriores fueron. %s\n " , ptrOldLocale);
 return  0;
}
```

Ejemplo: Escribir cartas localizadas correctamente

```
#Include
#include <locale.h>

int Main (void)
{
    setlocale (LC_CTYPE , "");
    printf ("letras acentuadas: àèéìòù");
    return  0;
}
```

La constante LC_CTYPE indica que desea que actúe en los caracteres, mientras "" indica la función para establecer la configuración regional a la configuración regional definida por el sistema, de acuerdo a esto, en un sistema operativo localizado en italiano, deberá leer las letras correctamente.

math.h

El archivo de cabecera **math.h** pertenece a la biblioteca estándar de C que contiene definiciones de macros, constantes y declaraciones de funciones y tipos utilizados en las operaciones matemáticas.

FUNCIONES MIEMBROS Pre-C99

Miembro	Descripción
acos	arcocoseno

asin	arcoseno
atan	arcotangente
atan2	arcotangente de dos parámetros
ceil	El entero menor no menor que el parámetro
cos	coseno
cosh	coseno hiperbólico
exp (double x)	calcula la función exponencial e^x
fabs	valor absoluto
floor	la totalidad mayor no mayor que el parámetro
fmod	el resto del número de punto flotante
frexp	fracción y potencia de dos.
ldexp	operación de punto flotante
log	logaritmo natural
log10	logaritmo en base 10

pow (x, y)	eleva un exponente de valor dado, x^y
sin	seno
sinh	seno hiperbólico
sqrt	raíz cuadrada
tan	tangente
tanh	tangente hiperbólica

Ejemplo de uso

```
<math.h> #include
#include

int Main ()
{
float num , raiz , cuadrada;
printf ("Introduzca un número \n ");
scanf ("%f" , & num);
cuadrado = pow (num , 2);
raiz = sqrt (num);
printf ("El cuadrado del número es' %f \n " , cuadrada);
printf ("La raíz del número es' %f \n " , raíz);
}
```

La cabecera **setjmp.h** se define en la biblioteca estándar de C para proporcionar saltos no locales, o flujo de control, en lugar de la secuencia habitual de la llamada de función y la llamada de regreso. El par de funciones *setjmp* y *longjmp* proporcionan esta funcionalidad. Primero *setjmp* guarda el entorno de la función de llamada y lo pone en una estructura de datos, y después *longjmp* puede utilizar esta estructura de "saltar" de nuevo.

El uso típico de *setjmp/longjmp* es para el manejo de excepciones, llamando a *longjmp*, permitimos que el programa salga de las llamadas a múltiples funciones anidadas sin tener que preocuparse sobre la configuración de las variables de control de cada función.

FUNCIONES

Prototipo	Descripción
int setjmp (env jmp_buf)	jmp_buf establece el búfer local y lo inicializa para el salto. Esta rutina ahorra la llamada al entorno del programa en el búfer especificado con el entorno env para su uso posterior por longjmp. Si el valor de retorno es una llamada directa, setjmp devuelve 0. Si se trata de una llamada a longjmp, setjmp devuelve un valor distinto de 0.

void *longjmp* *(*`jmp_buf` `env` , *int* `valor)`	Restaura el contexto del entorno búfer *env* que se guardó con la invocación de la función *setjmp*. Si hay una invocación a *setjmp* o la función que contiene *setjmp* ha terminado, el comportamiento no estará definido. Si *longjmp* se llama desde un controlador de comportamiento anidado, no estará definido. El valor especificado por *el valor* pasado de longjmp a setjmp. Después *longjmp* de que haya terminado, la ejecución del programa continúa como si la invocación correspondiente a *setjmp* acabara de devolver el *valor*. Si el valor pasado a *longjmp* es 0, setjmp se comportará como si se volviera a 1, de lo contrario, se comporta como si se devuelve el *valor*.

Después de eso setjmp guarda la situación actual en jmp_buf, una llamada a longjmp puede transferir el control al punto inmediatamente después de la llamada a setjmp. El valor de retorno de setjmp indica si setjmp es llamado directamente por longjmp.
Un uso típico es un contol del tipo:

if (setjmp ()) {... }
.

Ejemplo

#Include
#include <setjmp.h>

buf jmp_buf;
void Fn2 (void) {
  printf ("Fn2 \n ");   *// print*

```
    longjmp (buf, 1);      // salta de nuevo a donde fue llamado setjmp
  - ahora devuelve setjmp 1
  }
  void na1 (void)  {
    Fn2 ();
    printf ("na1 \n ");      // no se imprime
  }
  int Main (void)  {
    if  (! setjmp (buf))
      na1 ();            // cuando se ejecuta, devuelve setjmp 0
    else              // salta de nuevo a longjmp cuando, setjmp devuelve
  1
      printf ("main \n ");  // print
    return  0;
  }
```

signal.h

El archivo signal.h define las funciones de la biblioteca estándar, se usa principalmente para el tratamiento de señales relacionadas con el programa. Junto con las funciones, también define las macro-variables para clasificar las señales y para referirse a las funciones predefinidas, destinadas para el procesamiento de señales.

DECLARACIÓN

Hay dos funciones para el manejo de señales que se declaran en el archivo signal.h: signal () y raise (). La función raise () se utiliza para accionar una señal determinada, para ello debes activar manualmente una alarma dentro del programa, especificado por un número que define el tipo. El programa contiene un procedimiento conjunto que establece lo que hay que hacer en la presencia de cierta alarma, pero el programador puede volver a definir el procedimiento a través del uso de la función signal (), que está asociada con el inicio de una función en particular en la presencia de una cierta señal. El modelo sintáctico que se representa a continuación, de forma muy simplificada, muestra la utilización de la función de signal ():

signal (n_signal, funcion_de_asociacion)
Lógicamente, la función que está asociada con un número de la señal se indica en los argumentos de la llamada como un puntero de función. La función que se pasa como un argumento es un manejador de señales y debe tener una forma determinada:

void handler (n_signal)
En la práctica, cuando se crea la asociación entre la señal y la función para manejar, la función en cuestión debe tener un parámetro que pueda guardar el número de la señal y no devolver ningún valor (por lo tanto, es de tipo void).

Una vez determinado esto, el modelo de la señal () nos puede aclarar un poco más:

*signal (n_signal, void (*handler) (int))*
Esto significa que el segundo argumento de la función signal() es un puntero a una función (operador ()) con un parámetro de tipo int, que no devuelve nada (void).

Pero aún no se ha especificado lo que debe devolver la función signal(): un puntero a una función que tiene un parámetro de tipo int, que a su vez no devuelve nada. En la práctica, signal() debe devolver el puntero a una función que tiene las mismas características que la de su segundo parámetro. En este punto, se llega a completar el prototipo, pero es muy difícil de interpretar a primera vista:

*void (*signal(int n_signal, void handler (int)))(int)*

Para superar este problema de comprensión, aunque la norma no lo exija, por regla general, en el archivo signal.h se declara un tipo especial, como un puntero de función a las características del controlador de señales:

typedef void (SIGPTR) (int);*

De este modo, la función signal() se puede declarar de una manera más agradable:

SIGPTR signal (n_signal, handler SIGPTR);

TIPO sig_atomic_t

El archivo signal.h define el tipo sig_atomic_t, cuyo uso no está especificado en las documentaciones oficiales. Está claro que sólo puede ser un valor entero, posiblemente con volatile, que se puede acceder a través de una sola instrucción elemental del lenguaje máquina (de modo que la lectura o edición de su contenido no pueda ser suspendida por una interrupción de cualquier tipo).

typedef int sig_atomic_t;
En este ejemplo, el tipo sig_atomic_t se declara como equivalente al tipo int, suponiendo que el acceso a la memoria para un tipo de número entero corresponde a la operación normal "atómica" en lenguaje máquina. En cualquier caso, el tipo al que corresponde sig_atomic_t puede depender de otros factores, mientras que la única restricción en el rango es el de ser capaz de contener los valores representados por las macro-variables SIG..., que identifican mnemotécnicamente las señales.

El programador que necesita almacenar una señal en una variable, puede utilizar el tipo sig_atomic_t.

DESIGNACIÓN DE LAS SEÑALES

Un grupo de variables macro define la lista de señales que se pueden gestionar. El lenguaje estándar prescribe sólo una cantidad mínima, mientras que el sistema operativo puede requerir de otras señales. Teóricamente, la asociación del número con el nombre simbólico de la señal es libre, pero en la práctica, la correlación con otros estándares requiere del cumplimiento de un mínimo de uniformidad.

Designación de las señales esenciales para el lenguaje		
Designación	Significado mnemotécnico	Descripción
SIGABRT	abortar	Se deriva de una terminación anormal que puede ser causada específicamente por el uso de la función abort ().
SIGFPE	excepción de coma flotante	Es causada por un error aritmético, tales como la división por cero o un desbordamiento del resultado.
SIGILL	ilegal	instrucción "ilegal".
SIGINT	interrumpir	Se deriva de la recepción de una solicitud de atención interactiva, que puede ser la de un corte de luz.
SIGSEGV	violación de segmento	Se trata de un acceso de memoria no válido, por ejemplo por encima de los límites.

SIGTERM	terminación	Indica la recepción de una solicitud de terminación de la operación del programa.

MACRO-VARIABLES PARA EL MANEJO POR DEFECTO DE LAS SEÑALES.

Designación	Significado mnemotécnica	Descripción
SIG_DFL	defecto	Indica que la acción que se realizará tras la recepción de la señal debe ser la predeterminada.
SIG_IGN	pasar por alto	Indica que la recepción de la señal procederá como si nada hubiera sucedido.
SIG_ERR	error	Es un resultado incorrecto en el uso de la función de señal ().

USO DE LAS FUNCIONES

La función signal () se utiliza para asociar un "manejador de la señal", que consiste en el puntero a una función, a una cierta señal, todo esto con el fin de activar esta función que automáticamente después de que un evento determinado se manifiesta debido a una determinada señal.

La función signal () devuelve un puntero a la función que antes tenía que hacer frente a esa señal. Si la operación falla, la función signal () expresa este error mediante la devolución del valor SIG_ERR, lo que explica por qué esto debe tener la apariencia de un puntero a función.

Es por la misma razón por lo que las macro-variables SIG_ERR, SIG_DFL y SIG_IGN deben utilizarse como manejadores de señal, respectivamente, para obtener el comportamiento por defecto, o para asegurar que las señales son simplemente ignoradas.

En principio, se puede suponer que en el programa existe un conjunto inicial de declaraciones implícitas que están asociadas con todas las señales de SIG_DFL:

...
(signal, SIG_DFL);
...

La otra función a considerar es raise (), con la que una señal se activa voluntariamente, y a continuación, debería o podría seleccionar una de las consecuencias, como se determina en una etapa previa a través de la signal (). lafunction raise () es muy simple:

int raise (int sig);

La función toma como argumento el número de la señal que quiere activar y devuelve un valor de cero en caso de éxito, de lo contrario, devuelve un valor distinto de cero. Por supuesto, dependiendo de la acción que se lleva a cabo dentro del programa, después de la recepción de la señal, puede ser que esta función no se ejecuta después de otra, por lo que se dice que se puede leer el valor que la función puede devolver.

Ejemplo

Intentaremos demostrar mediante el siguiente ejemplo como se utiliza el mecanismo de la provocación y la intercepción de las señales:

```
#Include
#include <signal.h>

void sig_generic_handler (int Sr.)
{
    printf («ha interceptado la señal n %d.. \n " , sign);
}

void sigfpe_handler (int Sr.)
{
    printf ("Advertencia: he interceptado la señal SIGFPE (%d) \n "
, sign);
    printf ("! y yo tengo que terminar la operación \n " , sign);
    exit  (sign);
}

void sigterm_handler (int sig)
{
    printf ("Advertencia: he interceptado la señal SIGTERM (%d) \n
" , sign);
    printf ("Pero no tengo la intención de respetarlo. \n ");
}

void sigint_handler (int sign)
{
    printf ("Advertencia: he interceptado la señal SIGINT (%d) \n "
, sign);
    printf ("Pero no tengo la intención de respetarlo. \n ");
}

int main (void)
{
    signal (SIGFPE,  sigfpe_handler);
```

```c
signal (SIGTERM, sigterm_handler);
signal (SIGINT,  sigint_handler);
signal (SIGILL,  sig_generic_handler);
signal (SIGSEGV, sig_generic_handler);

int c ,
int x;

printf ("[0] [Enter] división por cero \n ");
printf ("[c] [Enter] ocasiona una señal SIGINT \n ");
printf ("[l] [Intro] para causas un SIGTERM \n ");
printf ("[q] [Enter] termina la operación \n ");
while (1)
  {
    c = getchar();
    if (c == '0')
      {
        printf ("a esto le tiene que seguir una división por cero:\n");
        x = x / 0;
      }
    else if (c == 'c')
      {
        raise (SIGINT);
      }
    else if (c == 't')
      {
        raise (SIGTERM);
      }
    else if (c == 'q')
      {
        return 0;
      }
  }
  return 0;
}
```

Al inicio del programa se definen las funciones para hacer frente a las situaciones que han causado una señal determinada. En la función main (), estas funciones están asociadas a las señales principales y luego cambian a un ciclo sin fin, en el que las señales pueden ser causadas por pulsar una tecla determinada, como se indica en un menú breve. Por ejemplo, puede causar una condición que se produce tratando de dividir un número por cero.

La división por cero desencadena la señal SIGFPE que es interceptada por la función sigfpe_handler (), que, sin embargo, no puede hacer mucho y por lo tanto también concluye la operación del programa.

stdarg.h

El stdarg.h archivo define la biblioteca estándar principalmente de macro-instrucciones para el manejo de argumentos variables pasados a una función, junto con un tipo de variable, va_list, específicamente para el manejo del puntero a estos parámetros no se declara.

Normas Macro-instrucción para el manejo de argumentos variables.	
Macro-instrucción	**Descripción**
void va_start (va_list ap, parametro_n);	Inicializa la variable ap, de tipo va_list, para que apunte a la zona de memoria inmediatamente después del parámetro indicado, el cual debe ser el último.
type va_arg (va_list ap, type);	Devuelve el contenido de la memoria a la que apunta ap, utilizando el tipo dado, al mismo tiempo que aumenta el puntero de tal modo que, una vez terminada,

	está en la memoria inmediatamente siguiente.
void va_copy (va_list dst, va_list org);	Copia el puntero org a la variable dst.
void va_end (va_list ap);	Concluye el uso del puntero del ap.

stddef.h

El archivo stddef.h de la biblioteca estándar define fundamentalmente algunos tipos de datos y los macros.

typedef long int   ptrdiff_t;
typedef unsigned long int size_t;
typedef unsigned int   wchar_t;

*#define NULL ((void *)0)*
*#define offsetof(TYPE,   MEMBER)   ((size_t)&((TYPE   *)0)->MEMBER)*

De todas las definiciones que merece la atención, la macro-instrucción offsetof sirve para medir la desviación de un miembro de una estructura, por lo que descompone sus componentes:

- la expresión ((tipo_estructura *), 0) es un puntero nulo transformado, con un cast en un puntero nulo para el tipo de estructura a la que usted se refiere;
- la expresión ((tipo_estructura *) 0) -> nombre_miembro representa el contenido del elemento indicado, tomado a partir de cero;

- la expresión y ((tipo_estructura *) 0) -> nombre_miembro representa la dirección del miembro indicado, tomado a partir de cero.

Por lo tanto, la dirección del miembro, relativo a la dirección de cero, también corresponde a su desplazamiento desde el principio de la estructura. Por lo tanto, el valor se convierte con un cast del tipo size_t.

stdio.h

stdio.h, significa "standar input-output header" y es el archivo de encabezado que contiene las definiciones de macros, constantes y declaraciones de funciones y tipos utilizados por varios terminales de entrada/salida.

LOS TIPOS DE DATOS

Archivo

La estructura que contiene la información de un archivo, necesaria para realizar sobre el mismo las operaciones de entrada/salida, tales como:

- la posición actual de la secuencia
- un fin de archivo
- un indicador de error
- un puntero al buffer de la corriente

Un puntero a esta estructura requiere de un parámetro a todas las funciones de gestión de los archivos de entrada/salida (es decir, las funciones de la biblioteca stdio que comienzan con la letra f)

fpos_t

Es un tipo escalar capaz de identificar de manera única la posición de cada byte en un archivo.

size_t

Es un tipo entero que es el tipo del valor devuelto por sizeof.

CONSTANTES

EOF

Final del archivo. Es un entero negativo de tipo int que se utiliza para indicar la condición de "llegar al final del archivo".

BUFSIZ

Entero que proporciona el tamaño de la memoria intermedia utilizada por la función setbuf ().

FILENAME_MAX

Indica el tamaño de una matriz de caracteres lo suficientemente grande como para contener el nombre de cualquier archivo manejable en una arquitectura particular.

FOPEN_MAX

Indica el tamaño de una matriz de caracteres lo suficientemente grande como para contener el nombre de cualquier archivo manejable en una arquitectura particular.

Valor: entero> = 8.

_IOFBF

I/O fully buffered, es decir, "I/O con búfer completo". Se puede pasar un entero a la función setvbuf () para solicitar que un flujo (stream) sea buferizado a bloque.

_IOLBF

I/O line buffered. Se puede pasar un entero a la función setvbuf () para solicitar que un flujo sea buferizado por las líneas.

_IONBF

I/O not buffered. Se puede pasar un entero a la función setvbuf () para solicitar que un flujo no sea buferizado.

L_tmpnam

Indica el tamaño de una matriz de caracteres lo suficientemente grande como para guardar el nombre del archivo temporal generado por la función tmpnam ().

NULL

Es una macro que se expande en la constante de puntero nulo, en otras palabras, es una constante que representa un valor que garantiza que sea la dirección de una ubicación no válida en la memoria.

Valor: 0, 0L o (void *) 0, dependiendo de las arquitecturas e implementaciones.

SEEK_CUR

Se puede pasar un entero a la función fseek () para solicitar una posición con respecto a la posición actual en el archivo.

SEEK_END

Se puede pasar un número entero a la función fseek () para solicitar la colocación al final del archivo.

SEEK_SET

Se puede pasar un entero a la función fseek () para solicitar la posición al principio del archivo.

TMP_MAX veces

Indica el número máximo de nombres de archivos únicos que pueden ser generados por la función tmpnam ().

Valor: entero> = 25.

VARIABLES

stdin

Tipo: FILE*
es el puntero a una estructura FILE que se refiere al flujo de entrada estándar, normalmente el teclado.

stdout

Tipo: FILE*
es el puntero a una estructura FILE que se refiere a la secuencia de salida estándar, normalmente un terminal.

stderr

Tipo: FILE*
es el puntero a una estructura FILE que se refiere a la secuencia de error estándar, generalmente un terminal.

FUNCIONES

clearerr ()

Declaración:

void clearerr (FILE stream);*

Parámetros de entrada:

FILE* stream: describe el archivo o la secuencia que desea editar.

Valor devuelto: void.

Cancela el indicador de fin de archivo y da error para un dato del flujo.

fclose ()

Declaración:

int fclose (FILE* stream);

Parámetros de entrada:

FILE* stream: describe el archivo o la secuencia para cerrar.

Valor devuelto: int. Devuelve 0 si tiene éxito, EOF en caso contrario.

Cierra el archivo o la secuencia especificada, posiblemente después de haber vaciado el buffer asociado a él (ver fflush ()).

feof ()

Declaración:

int feof (FILE* stream);

Parámetros de entrada:

FILE* stream: describe el archivo o la secuencia del controlador.

Valor devuelto: int. Devuelve un valor distinto de cero ($<> 0$) si se ha alcanzado el final del archivo, 0 en caso contrario.

Comprueba el marcador de fin de archivo para un flujo de datos.

Ejemplo: iteración con un procedimiento de lectura hasta el final de un archivo

while (! feof (f))
{
  datos // lee desde el archivo f
}

ferror ()

Declaración:

int ferror (FILE* stream);

Parámetros de entrada:

FILE* stream: describe el archivo o la secuencia de controlar.

Valor devuelto: int. Devuelve un valor distinto de cero (<> 0) si el indicador de error está activo, 0 en caso contrario.

Comprueba el indicador de error para una corriente dada. Si la función devuelve un valor distinto de cero significa que se ha producido un error durante una operación previa de entrada / salida.

fflush ()

Declaración:

int fflush (FILE* stream);

Parámetros de entrada:

FILE* stream: describe el archivo o la secuencia. NULL indica que la operación se debe realizar en todos los flujos abiertos.

Valor devuelto: int. Devuelve 0 si tiene éxito, EOF en caso contrario.

Se limpia el búfer para un flujo de datos para la transferencia de datos desde la memoria a los medios físicos.

La función *fflush* se usa para prevenir la pérdida de datos, garantizando que los datos se escriben en la secuencia. Debe usarse sólo para el flujo de salida, de lo contrario el comportamiento es indefinido. A menudo se utiliza *fflush* en la salida estándar, ya que esta es bufarizada y la salida no puede imprimirse inmediatamente.

Una llamada a fclose realiza el flushing por defecto del flujo de datos.

fgetpos ()

Declaración:

int fgetpos (FILE* stream , fpos_t* pos);

Parámetros de entrada:

- FILE* stream: describe el archivo o la secuencia.
- fpos_t* pos: dirección de la variable en la que se registra la posición actual.

Valor devuelto: int. Devuelve 0 si tiene éxito, en caso contrario devuelve un valor no nulo.

Devuelve la posición actual para la lectura o escritura en el archivo identificado por el primer parámetro y lo guarda en la variable especificada en el segundo. Si se produce un error, la variable errno establece un número de identificación para el error.

fopen ()

Declaración:

FILE* fopen (const char* path, const char* mode);

Parámetros de entrada:

- const char* path: la dirección del archivo para abrirlo.
- const char* mode: una secuencia de caracteres que identifica el modo de apertura.

Valor devuelto: FILE*. Devuelve un puntero a una estructura de tipo FILE en caso de éxito, de lo contrario devuelve NULL.

Abre un archivo identificado por la *ruta* de la manera descrita por *el modo* y asocia una estructura descriptiva de tipo FILE. Si se produce un error, la variable errno establece un número de identificación para el error.

El parámetro *modo* puede tomar los siguientes valores:

- "R": se abre el archivo en modo de sólo lectura. La posición se fija en el principio del archivo. Devuelve un error si el archivo no existe.
- "R+": se abre el archivo en modo lectura/escritura. La posición se fija en el principio del archivo. Devuelve un error si el archivo no existe.
- "W": el archivo se abre en modo escritura. La posición se fija en el principio del archivo. Si el archivo no existe, se crea, pero si existe el archivo, se elimina su contenido.
- "W+": se abre el archivo en modo lectura/escritura. La posición se fija en el principio del archivo. Si el archivo no

existe, se crea, pero si existe el archivo, se elimina su contenido.

- "A": se abre el archivo en modo de escritura (en la modalidad append). La ubicación se establece en el final del archivo. Si el archivo no existe, se crea, pero si existe el archivo, el contenido se mantiene sin cambios, y los nuevos datos que se escriben se añaden después de los ya existentes.
- "A+": se abre el archivo en modo lectura/escritura de modo append. La posición de lectura se fija en el principio del archivo, mientras que la escritura sólo se permite en el final del archivo. Si el archivo no existe, se crea, pero si existe el archivo, el contenido se mantiene sin cambios, y los nuevos datos que se escriben se añaden después de los ya existentes.

Al añadir el carácter **b** al parámetro *mode* se abre el archivo en modo *binario*, de lo contrario se abren en modo texto. Esto no tiene ningún efecto sobre los sistemas compatibles con POSIX (como GNU/Linux), y es importante en los sistemas no POSIX, como Microsoft Windows, en el que los caracteres de retorno de carro return (ASCII 0x0D) se convierten en la línea de retorno de carro return + line feed (ASCII 0x0D 0x0A +) cuando se escriben en un archivo en modo texto.

Al abrir los archivos en modo lectura/escritura, el estándar requiere que cada vez que pasa de una operación de escritura a una lectura o viceversa, se debe de llamar a la función fflush () o fseek () para poder vaciar el búfer antes de cambiar de modo.

fread ()

Declaración:

*size_t fread (void * data , size_t size , size_t count , FILE* stream);*

Parámetros de entrada:

- void * data: Dirección de una matriz en la que se almacenan los datos leídos.
- size_t size: tamaño en bytes del tipo de datos que deben leer.
- size_t count: el número de elementos para leer.
- FILE* stream: puntero a una estructura de tipo FILE que representa la secuencia para leer los datos.

Valor devuelto: size_t. número de elementos individuales. Normalmente es igual al parámetro count, pero puede ser menor si se encuentra al final del archivo o si se produce un error durante la lectura.

Lectura del *flujo stream de* una serie de elementos especificados por *count*, cada uno del tamaño en bytes *del size*. El número total de bytes que la función intenta leer del flujo de datos *size *count*. Los datos de lectura se almacenan en la matriz de *datos*. La dimensión de *size* por lo general se especifica como sizeof (*tipo de datos*).

freopen ()

Declaración:

FILE* freopen (const char* path, const char* mode, FILE* stream);

Parámetros de entrada:

- const char* path: la dirección del archivo para abrirlo.
- const char* mode: una secuencia de caracteres que identifica el modo de apertura (ver fopen ()).
- FILE* stream: puntero al flujo que se reasigna.

Valor devuelto: FILE*. Devuelve el parámetro stream en caso de éxito, en caso contrario devuelve NULL.

Cierra el flujo de *stream* y se une en el mismo archivo nuevo. Es más o menos equivalente a fclose () seguido de fopen (), excepto por el hecho de que el parámetro stream está garantizado para no ser afectado por la función de freopen (). Un uso común de esta función es la reasignación de los flujos estándar stdin, stdout y stderr a archivos arbitrarios.

fseek ()

Declaración:

int fseek (FILE* stream , long int offset, int salida);

Parámetros de entrada:

- FILE* stream: puntero al flujo.
- long int offset: número de bytes para avanzar en el flujo.
- int salida: una de las constantes de SEEK_SET, SEEK_CUR, SEEK_END, que identifican el punto de referencia desde donde se empezará a contar bytes (respectivamente: inicio del archivo, posición actual, final del archivo).

Valor devuelto: int. Devuelve 0 si tiene éxito, en caso contrario devuelve un valor que no sea nulo.

Mueve la posición actual de la secuencia: la próxima lectura o escritura se producirá en la ubicación especificada. En caso de que la ejecución haya tenido éxito, el indicador de *fin de archivo* se reajusta y borra todos los caracteres introducidos en el búfer de lectura utilizando la función ungetc ().

Ejemplo

Este código abre un archivo llamado *text.txt* de sólo lectura, tratamos de forzar el puntero de archivo al principio del archivo e imprimir el contenido de la primera línea del archivo en la pantalla.

```c
#include <stdio.h>

int main(int argc, char**argv) {
  FILE *file_pointer;
  file_pointer = fopen("text.txt","r");
  if(fseek(file_pointer, 0, SEEK_SET)) {
    puts("A ocurrido un error");
  }
  else {
    char buffer[100];
    fgets(buffer, 100, file_pointer);
    puts("la primera línea del fichero es:");
    puts(buffer);
  }
  fclose(file_pointer);
  return 0;
}
```

fsetpos ()

Declaración:

int fsetpos (FILE* stream , const fpos_t * pos);

Parámetros de entrada:

- FILE* stream: puntero al flujo.
- const fpos_t * pos: posición (valor establecido por fgetpos ()).

Valor devuelto: int. Devuelve 0 si tiene éxito, en caso contrario devuelve un valor que no sea nulo.

Mueve la posición actual de la secuencia a una posición almacenada previamente a través de la función fgetpos (). En caso de ejecución correcta, el indicador de *fin de archivo* se reajusta y borra todos los caracteres introducidos en el búfer de lectura utilizando la función ungetc (). Si se produce un error, la variable errno establece un número de identificación para el error.

ftell ()

Declaración:

long int ftell (FILE* stream);

- Parámetros de entrada:
- FILE* stream: puntero al flujo.

Devuelve el valor: long int. Devuelve la posición actual en la secuencia, o -1L de error.

Devuelve la posición actual del puntero de lectura/escritura del archivo *stream*. Si se produce un error, la variable errno establece un número de identificación para el error.

fwrite ()

Declaración:

size_t fwrite (const void * data, size_t size, size_t count, FILE* stream);

Parámetros de entrada:

- const void * data: puntero a una matriz de datos.
- size_t size: tamaño de un objeto para escribir (sizeof (*data)).
- size_t count: el número de elementos para escribir.

- FILE* stream: puntero al flujo.

Valor devuelto: size_t. Devuelve el parámetro de conteo en caso de éxito, en caso de error, se indica un valor diferente.

Escribe un *count* de elementos de tamaño *size* de la matriz de *data* en el flujo de *stream*.

gets ()

Declaración:

Char gets (char *s);*

Valor devuelto: char*. Devuelve un puntero a la cadena que se introduce en la consola.

Lee una línea de la entrada estándar y la almacena en un búfer definido por una llamada.

gets no realiza ninguna comprobación de límites en la entrada, por lo que es una fuente potencial de desbordamiento de búfer en los programas que lo utilizan. Muchos manualesl de gets suelen contener la advertencia "*Nunca usar en* " precisamente debido a este defecto de diseño.

Aunque el uso de gets no está en desuso oficialmente por ningún estándar de C, su uso no se recomienda. Se mantiene en el estándar C89 y C99 para la compatibilidad con las versiones anteriores. Algunas herramientas de desarrollo emiten una advertencia cuando está vinculada a código fuente que hace uso de la función gets. Frecuentemente se sugiere la función fgets (..., stdin) como el sustituto de gets.

Un uso más seguro de gets requiere que el programador controle los desbordamientos de búfer para que estos no provoquen ningún problema. El estándar de C no proporciona ninguna herramienta para asegurar esto, pero hay varias maneras relativamente complicadas de asegurar esta función, con diferentes grados de portabilidad.

Posible aplicación

Char * gets (char * s) / * <- Por favor no me cambio sin comentar la página de discusión. -> * /
{
* int i , k = [[getchar]] ();*
* / * devuelve null si la entrada no existe * /*
* if (k == EOF) return NULL ,*
* / * Lee y almacena los caracteres hasta final del FILE* /*
* for (i = 0; k =! EOF && k =! ' \n '; i + +) {*
*   s [i] = k ,*
*   k = getchar ();*
*   / * Si hay algún error de lectura, el búfer no es utilizable. * /*
*   if (k == EOF && ! feof (stdin)) return NULL;*
* }*
* / * Null-terminate y buffer han tenido éxito.*
*   La nueva línea no se almacena en el buffer * /*
* s [i] = ' \ 0 ';*
* return s;*
}

remove ()

Declaración:

int remove (const char* nombre del archivo);

Parámetros de entrada:

const char* nombre de archivo: nombre del archivo.

Valor devuelto: int. Devuelve 0 si tiene éxito, en caso contrario Devuelve un valor no nulo.

Elimina el archivo determinado en *nombre del archivo*.

rename ()

Declaración:

int rename (const char* OldFileName , const char* NewFileName);

Parámetros de entrada:

- const char* OldFileName: nombre original.
- const char* NewFileName: nuevo nombre.

Valor devuelto: int. Devuelve 0 si tiene éxito, en caso contrario devuelve un valor que no sea nulo.

Cambia el nombre del archivo OldFileName en NewFileName. NewFileName puede estar en un directorio diferente al del archivo original, pero en el mismo sistema de archivos. Si se produce un error, la variable errno establece un número de identificación para el error.

rewind ()

Declaración:

void rewind (FILE* stream);

Parámetros de entrada:

FILE* stream: puntero al flujo.

Valor devuelto: void.

Restablece la posición del puntero de lectura/escritura del archivo stream al principio del archivo. Los indicadores de error y de final del archivo se restablecen a cero.

setbuf ()

Declaración:

void *setbuf* (FILE* stream , char* buf);

Parámetros de entrada:

- FILE* stream: puntero al flujo.
- char*buf: matriz que se usa como un búfer (al menos con el tamaño BUFSIZ), o NULL.

Valor devuelto: void.

Configura el búfer para el flujo stream. Si el parámetro buf es igual a NULL, la función es equivalente a setvbuf (stream, NULL, _IONBF, 0), lo contrario, es equivalente a setvbuf (stream, buf, _IOFBF, BUFSIZ).

Nota: es preferible la función setvbuf ().

setvbuf ()

Declaración:

int *setbuf* (FILE* stream , char* buf , int mode, size_t size);

Parámetros de entrada:

- FILE* stream: puntero al flujo.
- char* buf: matriz que se usa como un búfer (al menos del tamaño de size), o NULL.
- int mode: modo de búfer. Puede tomar como valores _IOFBF, _IOLBF o _IONBF.
- size_t size: tamaño del búfer.

Valor devuelto: int. Devuelve 0 si tiene éxito, en caso contrario devuelve un valor que no sea nulo.

Configura el búfer para el flujo stream. El parámetro mode controla el tipo de búfer:

- _IOFBF: búfer completo;
- _IOLBF: buffering de una sola línea;
- _IONBF: no buffering.

Si el parámetro buf es igual a NULL y el parámetro mode es diferente de _IONBF, el búfer se asigna internamente con la función malloc (), y se libera al final del flujo.

tmpfile ()

Declaración:

FILE* *tmpfile* ();

Valor devuelto: FILE*. Devuelve un puntero válido a una corriente en caso de éxito, o NULL en caso de error.

Crea un archivo temporal y lo abre en modo "wb +" (ver fopen ()). Al final de la corriente o al final del programa, se elimina el archivo.

tmpnam ()

Declaración:

char* *tmpnam* (char* result);

Parámetros de entrada:

char* result: una serie de al menos L_tmpnam caracteres, o NULL.

Valor devuelto: char*. Devuelve un puntero a un carácter que contiene el nombre del archivo.

Genera un nombre de archivo válido que puede ser utilizado como el nombre de un archivo temporal. En el caso de que el parámetro result sea NULL, el nombre se almacena en una matriz interna y devuelve un puntero a la matriz, lo que hace que la función sea no-entrante (es decir, cambia su estado si se llama más adelante). En cambio, si el parámetro result es una matriz válida, el nombre de archivo se almacena en el mismo.

Nota: el uso de la función tmpfile es, por norma general, más segura.

stdlib.h

El archivo de cabecera stdlib.h que está dentro de la biblioteca estándar de C, contiene funciones de utilidad general y constantes: la asignación de memoria, control de procesos, la conversión de tipos, y así sucesivamente.

FUNCIONES

Las funciones de stdlib.h se pueden clasificar en las siguientes categorías: conversión entre tipos, gestión de memoria, control de procesos de búsqueda y selección, operaciones matemáticas sencillas.

Nombre	Descripción
Conversión de tipos	
double atof (const char *str)	Convierte una cadena en un número de punto flotante. Equivalente a strtod (s, (char**) NULL).
int atoi (const char *str)	Convierte una cadena en un entero. Equivalente a (int) strtol (s, (char**) NULL, 10).
long int atol (const char *str)	Convierte una cadena en un entero largo (**long int**). Equivalente a strtol (s, (char**) NULL, 10).
double strtod (const char *str, char **endptr)	Convierte una cadena en un *doble* (número de punto flotante), realiza controles sobre el desbordamiento y devuelve cualquier pieza que convierte la cadena.
Long int strtol (const char *str, char **endptr, base int)	Convierte una cadena que representa a un número en una base arbitraria entre 2 y 36, en un *doble* (número de punto flotante), mediante la realización de los controles sobre el desbordamiento

	y devolviendo también la eventual parte no convertida de la cadena.
unsigned long int strtoul (const char *str, char **endptr, base int)	Equivalente a strtol (), excepto por el tipo del resultado, que es *largo unsigned*.
Generación de números pseudoaleatorios	
int rand (void)	Devuelve un entero pseudo-aleatorio entre 0 y RAND_MAX.
void srand (unsigned int seed)	Inicializa el seed para la secuencia de números pseudo-aleatoria de la función rand ().
Asignación y deasignación de memoria	
void * calloc (size_t nitems, size_t size), void * malloc (size_t size)y void * realloc (void * ptr, size_t size)	Son las funciones que tienen que ver con la asignación dinámica de memoria.
void free (void * ptr)	Libera la memoria asignada dinámicamente de la familia de funciones de asignación dinámica.
Control de Procesos	
void abort (void)	Provoca la terminación inmediata y anormal del programa, como si hubiera sido invocado raise (SIGABRT).
int atexit (void (* func) (void))	Registra la función que se pasa al puntero, por lo que se ejecuta justo antes de la terminación normal del programa.

void exit (int status)	Debido a la terminación normal del programa. Todas las funciones registradas en atexit () se ejecutan en orden inverso al de su registro, el flujo asociado con el programa es liberado, los archivos se escriben en el disco (ver flush ()) y el control se devuelve al entorno de la llamada, junto con un valor numérico, que indica el estado general del programa o la causa de su terminación, que debe ser suministrada a la función en sí misma.
char* getenv (const char *name)	Devuelve la cadena en el entorno del programa que se asocia al nombre suministrado, o NULL si no hay ninguna cadena. Los detalles de la función dependen en gran medida el sistema operativo.
int system(const char *string)	Pasa una cadena para notificar al entorno de trabajo la ejecución del comando y devuelve el código de salida del comando invocado. Si proporciona NULL, información sobre la eventual presencia en el sistema de un procesador de comandos.
Búsqueda y clasificación	
Void *bsearch (const void *key const void *base, size_t nitems, size_t size, int (* compare) (const void *, const void *))	Implementa una manera genérica en los algoritmos de búsqueda dicotómica.

void qsort (void *base, size_t nitems, size_t size, int (* compar) (const void *, const void *))	Implementa de forma genérica el algoritmo de ordenación de ordenación rápida.

Las matemáticas simples - también presente en math.h

int abs (int x) , long int labs (long int x) ,	Calcula el valor absoluto del argumento.
div_t div (int numero, int denominador) , ldiv_t ldiv (long int numero, int denominador)	Calcula el cociente y el resto de la división entera entre el dividendo y el divisor.

string.h

El archivo de cabecera string.h pertenece a la biblioteca estándar de C y contiene definiciones de macros, constantes y declaraciones de funciones y tipos utilizados no sólo en la manipulación de cadenas, sino también en el manejo de la memoria.

CONSTANTES Y TIPOS

Nombre	Descripción
NULL	Es una macro que representa la constante de puntero nulo, en otras palabras, una constante que representa un valor que se garantiza que sea la dirección de una ubicación **no** válida en la memoria.
size_t	Un entero unsigned es sustituido por el operador sizeof.

FUNCIONES

Nombre	Descripción
void * memcpy (void * dest, const void * src, size_t n);	Copia n bytes entre dos áreas de memoria que no deben solaparse.

void * memmove (void * dest, const void * src, size_t n);	Copia n bytes entre dos áreas de memoria, a diferencia de memcpy las áreas de memoria pueden solaparse.
void * memchr (const void * s, int c, size_t n);	Devuelve un puntero a la primera ocurrencia de c en s, o NULL si c no aparece entre los primeros n caracteres de s.
int memcmp (const void * s1, const void * s2, size_t n);	Comparación de los primeros n caracteres de s1 con s2.
void * memset (void * s, int c, size_t n);	Ubica c en los primeros n caracteres de s.
char *strcat (char *dest, const char *src);	Añade src a la cadena dest.
char *strncat (char *dest, const char *src, size_t n);	Concatenar a lo más n caracteres src a la cadena dest.
char *strchr (const char *s, int c);	Devuelve un puntero a la primera ocurrencia de c en s.
char *strrchr (const char *s, int c);	Devuelve un puntero a la última ocurrencia de c en s.

int strcmp (const char *s1, const char *s2);	Compara la cadena *s1* con *s2* (mayúsculas y minúsculas).
int strncmp (* const char, const char*, size_t);	Compara n con más caracteres de la cadena *s1* con *s2* (mayúsculas y minúsculas).
int strcasecmp (const char *s1, const char *s2);	Compara la cadena *s1* a *s2* (mayúsculas y minúsculas).
int strcasencmp (const char*, const char*, size_t);	Comparar con más *n* caracteres de la cadena *s1* con *s2* (mayúsculas y minúsculas.)
int strcoll (const char*, const char*);	Compara dos cadenas mediante el orden lexicográfico determinado por la ubicación utilizada
char *strcpy (char *s1, const char *s2);	Copia la cadena *s2* en la cadena *s1*, incluyendo el carácter de terminación \0.
char *strncpy (const char *s1, const char *s2, size_t n);	Copia el máximo de *n* caracteres de la cadena *s2* en *s1*.
char *strerror (int n);	Devuelve un puntero a la cadena que se corresponde con el error *n*.

size_t strlen (const char *s);	Devuelve la longitud de la cadena *s*.
size_t strspn (const char *s, const char *accept);	Devuelve la longitud de la parte inicial de la cadena *s* con una longitud máxima de exactamente los caracteres de la cadena *accept*
size_t strcspn (const char *s, const char *reject);	Devuelve la longitud de la porción Inicia la cadena *s* con una longitud máxima de caracteres distintos de los de la cadena de *reject*
char *strpbrk (const char *s, const char *accept);	Devuelve la primera aparición de un carácter en la cadena *s* que es igual a cualquier carácter de la cadena *accept*
char *strstr (const char *haystack, const char *needle);	Encuentra la primera aparición de la cadena de *needle* en la cadena *haystack*
char *strtok (char *s, const char *delimiters);	Rompe la cadena *s* en una serie de cadenas de llamadas [símbolo] en correspondencia con el carácter delimitador *delimiters*

*size_t strxfrm (char *dest, const char *src, size_t n);*	Transforma la cadena apuntada por *src* según la ubicación en el uso y copia los primeros n caracteres de *src* a la cadena *dest*

memcpy ()

Ejecuta las copias de porciones de memoria a que se refieren sus argumentos. La función de memcpy se implementa para copiar áreas de memoria que no se solapan, si hay un solapamiento, el comportamiento de la función no estará definida.

Sintaxis:

*void * memcpy (void * dst_buf, void * src_buf, size_t n);*

- dst_buf apunta a la memoria en donde desea copiar los datos;
- src_buf apunta a la memoria que contiene los datos que desea copiar;
- n es el tamaño en bytes de los datos que va a copiar;

Cabe señalar que la función memcpy es una función *genérica*, es decir, que es capaz de copiar cualquier tipo de datos. Esto se hace posible por el hecho de que los punteros a las áreas de memoria para ser manipuladas son de tipo *void*. El lenguaje C permite pasar cualquier tipo de punteros pasar como parámetros de entrada una función que requiera de punteros de tipo *void *.

La función *memcpy* devuelve *dst_buf*. Los valores de retorno no se definen en caso de error. La función no comprueba el caso de que se produzca un desbordamiento en el área de memoria de destino, o en el caso en el que dos regiones de memoria se solapen.

Ejemplo

```
<string.h> #include
#include

int Main ()
{
    char string [ ] = { "Foo" };
    char altra_string [ sizeof (string) ];  // sizeof (string) Devuelve el
tamaño en bytes de la cadena

    memcpy (otro_string , string , sizeof (string));

    printf ("%s \n " , otro_string);  // Si no se han producido errores,
el printf imprimirá en su salida "Foo"

    return 0;
}
```

strlen ()

Devuelve la longitud de una cadena.

Se puede implementar de varias maneras. Por lo general, las funciones de la biblioteca son extremadamente eficientes, pero strlen puede optimizar significativamente su velocidad para las entradas de datos muy grandes, y, por lo tanto es una solución recomendada para almacenar la longitud de las cadenas en su creación y modificación. Un buen compilador optimiza las llamadas a strlen , constantes de cadena, el cálculo de la duración en tiempo de compilación.

La versión 6.2 de FreeBSD implementa strlen de la siguiente manera (más tarde fue modificado):

```
size_t strlen (const char * str)
{
```

```
    const  char  * s = str;
    for  (;  * s;  + + s);
    return (s - str);
}
```

strtok ()

Se utiliza para extraer una cadena de un número de subcadenas dividiendo a través de los caracteres de separación. Las subcadenas se denominan token, es decir, secuencias de caracteres separadas por uno o más caracteres especificados en los separadores de campo.

Para utilizar correctamente la función strtok es necesario distinguir dos etapas:

- Primera llamada - la primera llamada de la función tiene que pasar el puntero a la cadena s, la función primero examina la cadena para identificar el primer carácter de s que no se incluye en la lista de separadores - a esta posición se llama "inicio de la señal". A partir de este punto, la función continúa leyendo s hasta encontrar un carácter que corresponda a uno de los contadores. El carácter se reemplaza con un valor NULL (cero) y la función termina devolviendo "comienzo del token".
- Las llamadas posteriores – en las llamadas sucesivas en lugar de esperar a la entrada de un puntero NULL, se usa la posición de la derecha del último token que se encuentra como el comienzo de la búsqueda del siguiente token, strtok devuelve un puntero al último token encontrado.

Si no se encuentra ninguna señal, la función devuelve NULL.

Tener mucho cuidado porque la cadena original es modificada por la función, de hecho, esto reemplaza los caracteres separadores por caracteres de terminación de cadena.

Ejemplos de código

```
/ * Ejemplo con un carácter separador * /
#Include
#Include <string.h>

int main ()
{
char s [] = "aaa, bbb, ccc, ddd, eee";
char* p;
printf ("Cadena Completa: \n %s \Cadena rota: \n", s);
p = strtok (s, ",");
while (p! = NULL)
{
  printf ("%s \n", p);
  p = strtok (NULL, ",");
}
return 0;
}
```

Salida del programa anterior:

Cadena completa:
aaa, bbb, ccc, ddd, eee
Cadena rota:
aaa
bbb
ccc
ddd
eee

Otro ejemplo:

```
/ * Ejemplo con diferentes caracteres separadores * /
#Include
#Include <string.h>

int main ()
{
```

```
char s [] = "- Esto es una cadena que ahora está rota."
char* p;
printf ("Cadena Completa: \n \"%s \ \Cadena rota: \n ", s);
p = strtok (s, "-, lo es.");
while (p! = NULL)
{
  printf ("%s \n", p);
  p = strtok (NULL, "-, lo es.");
}
  return 0;
}
```

Salida del programa anterior:

Cadena completa:
Esta es una cadena! Que ahora está rota.
Cadena rota:
Esta
una
cadena
ahora
rota

time.h

El archivo de cabecera **time.h** de la biblioteca de C estándar proporciona un acceso estandarizado a las funciones de adquisición y manipulación del tiempo.

CICLOS DE CPU

La función time () le permite obtener el tiempo de uso del microprocesador (CPU), expresada en ciclos de CPU virtual. En la práctica, se llaman macro-variables CLOCKS_PER_SEC, y contiene el valor que expresa la cantidad de ciclos de CPU por segundo, entonces el valor devuelto por la función time()ofrece un resultado en segundos dividido por CLOCKS_PER_SEC. El valor devuelto por la función time () y la expresión que traduce la macro-variable CLOCKS_PER_SEC son de tipo clock_t:

/ * Unidad de tiempo convencional que
es un ciclo de CPU virtuales. * /
typedef long int clock_t;

/ * Valor convencional de 1 s,
término en ciclos de CPU virtuales. * /
#define CLOCKS_PER_SEC 1000000L

clock_t time (void); / * Tiempo de uso de la CPU. * /

La función time() devuelve el tiempo de CPU expresada en unidades clock_t, utilizada por el proceso de cálculo desde el principio del programa. Si la función no es capaz de dar esta indicación, a continuación, devuelve el valor -1, o, más bien (clock_t) (-1).

Se puede evaluar el intervalo de tiempo de uso de la CPU a partir de una posición determinada del programa, que debe almacenar los valores obtenidos por la función y luego proceder a una sustracción.

REPRESENTACIÓN DEL TIEMPO

La biblioteca define el tipo time_t que de acuerdo con la norma, representa la cantidad de unidades de tiempo transcurrido a partir de una referencia de tiempo.

typedef long int time_t;

REPRESENTACIÓN DEL TIEMPO EN UNA ESTRUCTURA

La biblioteca estándar requiere que se defina el tipo de estructura tm, con la que es posible representar toda la información relacionada a un cierto tiempo, de acuerdo con las convenciones humanas. La norma describe con precisión los elementos de la estructura y el rango de valores que pueden contener:

```
struct tm {
    int tm_sec;     // segundos de 0 a 60.
    int tm_min;     // minutos: de 0 a 59.
    int tm_hour;    // Hora: de 0 a 23.
    int tm_mday;    // Día del mes: 1 a 31.
    int tm_mon;     // mes del año: de 0 a 11.
    int tm_year;    // Año desde 1900.
    int tm_wday;    // Día de la semana: de 0 a 6
                    // el cero corresponde al domingo
    int tm_yday;    // Día del año: de 0 hasta 365.
    int tm_isdst;   // verano. time contiene un valor positivo
                    // si el horario de verano está en vigor, devuelve cero si
el tiempo es "normal" o es invierno,
                    // devuelve un valor negativo si la información no está
                    // disponible.
};
```

Cabe señalar que el mes se representa con valores que van de 0 a 11, así que a enero se le asigna el número cero y a diciembre el número

11, además, el intervalo permitido para los segundos y minutos serían entre 0 y 59, y, por último, el hecho de que los días del año van desde el 0 (el primero) al 365 (el último), significa que, en años normales, los valores van de 0 a 364, mientras que en los años bisiestos se llega a contar hasta 365.

FUNCIONES PARA EL TIEMPO

El archivo time.h tiene un grupo de funciones declaradas con el propósito de mostrar de alguna forma la información relacionada con el tiempo. Estas funciones tratan el tiempo, en forma de variables de tipo time_t o de estructura tm.

La variable de tipo time_t que se utiliza en estas funciones puede expresar un valor relativo a la hora universal (UT), mientras que las funciones que la utilizan deben tener en cuenta la zona horaria.

time ()

La función time() determina el tiempo actual de acuerdo con el calendario del sistema operativo, devolviéndolo en forma de tipo time_t. La función requiere un parámetro, que consiste en un puntero de tipo time_t *: si este puntero es válido, la misma información que se devuelve también se almacena en la dirección indicada por el puntero.

*time_t   time (time_t * timer);*

En la práctica, si es posible (valor distinto de NULL), la información de fecha y hora obtenida de la función, también se almacena en *timer.

Si la función no puede proporcionar la información solicitada, devuelve el valor -1, o más bien: (time_t) (-1).

ifftime ()

La función difftime () calcula la diferencia entre dos fechas, expresados en forma time_t y devuelve el intervalo, en segundos, en una variable de coma flotante del tipo doble:

double   difftime (time_t tiempo1 , time_t time0);

Para la precisión, se ejecuta time1-time0 y a continuación va el signo del resultado.

mktime ()

La función mktime () toma como argumento un puntero a una variable de estructura de tipo struct tm, que contiene la información de la hora local, y determina el valor de esa fecha de acuerdo con la representación interna de tipo time_t:

*time_t   mktime (struct tm * timeptr);*

La función sólo toma en cuenta algunos miembros de la estructura para la precisión, no se considera el día de la semana y los días del año, además, también admite los valores fuera de los rangos establecidos para los distintos miembros de la estructura y, por último, considera un valor negativo para el miembro timeptr-> tm_isdst como la solicitud para determinar si es horario de verano en vigor durante un tiempo especificado.

Si la función no puede devolver un valor representable en el tipo time_t, o si no puede realizar su tarea, devuelve un valor de -1, o más bien de (time_t) (-1). Si todo va bien, la función también toma medidas para corregir los valores de los distintos miembros de la estructura y volver a calcular el día de la semana y el año.

gmtime () y localtime ()

Las funciones gmtime () y localtime () tienen en común que reciben como argumento un puntero de tipo time_t*, a la información de fecha y hora, para devolver el puntero a una variable de estructura de tipo struct tm *. En otras palabras, las dos funciones convierten una fecha expresada en la forma del tipo time_t, en una fecha subdividido en la estructura tm:

struct tm * gmtime   (const time_t * timer);
struct tm * localtime (const time_t * timer);

Dentro de estas funciones, es razonable suponer que el tipo de información time_t al que se refieren, se expresa en términos de tiempo universal y que las funciones de los mismos tienen la oportunidad de establecer la zona horaria y el modo de ajuste de la hora verano.

En cualquier caso, la diferencia entre las dos funciones es que gmtime () convierte el tiempo señalado por su argumento en una estructura que contiene la fecha traducida según la hora universal coordinada, mientras localtime () convierte la según la hora local.

Debe tenerse en cuenta que estas funciones devuelven un puntero a una ubicación de memoria que se puede reemplazar por otras llamadas a la misma función o funciones similares.

CONVIERTEN EN CADENAS

El archivo time.h tiene un grupo de funciones que están destinadas a la conversión de los valores de fecha y hora en cadenas, para la interpretación humana.

asctime ()

La función asctime () convierte la información de fecha y hora, en una estructura tm, en una cadena que expresa la hora local, pero utilizando una representación fija en el idioma Inglés:

Char *asctime (const struct tm * timeptr);

ctime ()

La función ctime () convierte la información de fecha y hora, expresada en forma de tipo time_t en una cadena que expresa la hora local, pero usando una representación fija en el idiom Inglés:

Char * ctime (const time_t * timer);

strftime ()

La función strftime () es responsable de la interpretación de los contenidos de una estructura de tipo struct tm y traducirlo en un texto, de acuerdo con una cadena de composición libre. En otras palabras, esta función se comporta de una manera similar a printf (), donde la entrada está formada por la estructura que contiene la información de fecha y hora.

*size_t strftime (Char * restrict s , size_t maxsize ,
        const char * restrict format ,
        const struct tm * restrict timeptr);*

A partir del modelo del prototipo de la función, vemos que esta devuelve un valor numérico del tipo size_t. Este valor representa la cantidad de artículos que se han escrito en la cadena de destino, representada por el primer parámetro.

La función requiere de: una serie de caracteres que se utilizarán para redactar el texto, el tamaño máximo de la matriz, la cadena de marcación constante que contiene el texto y los especificadores de conversión, y el puntero a la estructura que contiene la información de datos para utilizar en la conversión.

La función termina su trabajo con éxito sólo si puede escribir el texto en la matriz como se muestra en la cadena de marcado, incluyendo también el carácter nulo de terminación. Si no lo hace, el valor devuelto por la función será cero y se desconoce la matriz de destino.

El siguiente listado muestra un programa completo que muestra el funcionamiento de strftime (). Debe tenerse en cuenta que la conversión realizada por esta función es sensible a la configuración local; depende precisamente de la categoría LC_TIME:

```
#Include
#include <locale.h>
#include <time.h>

int Main (void)
{
   char s [ 100 ] ,
   int dim;
   time_t t    = time (NULL);
   struct tm * tp = localtime (&t);

   setlocale (LC_ALL , "");
   dim = strftime (s , 100 , "Hola: es el %H:%M% del %b %Y" ,
tp);
   printf ("%d:%s \n " , dim , s);

   return 0;
}
```

Esto es lo que se obtendrá mediante la ejecución de este programa en un sistema con la localización española:

42 Hola: son las 10:31, el 30 de abril de 2013.

La siguiente tabla muestra los especificadores principales de conversión. Son variantes elegibles, con la adición de modificadores, pero que no se describen aquí. Por ejemplo, es el uso aceptable de los especificadores %Ec y %Od, para indicar, respectivamente, una variante de %c y %d.

Especificadores de conversión utilizada por la función strftime ()	
Prescripción	Correspondencia
%C	El siglo, se obtiene dividiendo el año por 100 y haciendo caso omiso de la coma decimal.
%y	Año: en el primer caso muestran sólo los dos últimos dígitos, mientras que el segundo se mostrarán a todos.
%Y	
%b	Respectivamente, el nombre abreviado y el nombre completo del mes.
%B	
%m	El número del mes, del 01 a 12.
%d	El día del mes, en forma numérica, de 1 a 31, siempre con dos dígitos en el primer caso, si se agrega un cero, en el segundo se agrega un espacio.
%e	
%a	Respectivamente, el nombre abreviado y el nombre completo del día de la semana.
%A	
%H	El tiempo, expresado, respectivamente, en 24 horas y en 12 horas.
%L	
%p	Es la abreviatura para usar, de acuerdo con la configuración del local, para especificar que si se trata de una hora AM o PM.

%r	Tiempo expresado en la indicación de 12 horas, en el caso de la hora meridiana o posmeridiana, de acuerdo a las convenciones locales.
%R	La hora y el minuto, lo que equivale a %H:%M
%M	Los minutos, 00-59.
%S	El segundo, expresados con los valores de 00 a 60.
%T	La hora, los minutos y segundos, equivalente a %H:%M:%S
%z	La representación de la zona horaria en el primer caso usa hora universal coordinada (UTC), mientras que la segunda utiliza una representación conforme a la configuración local.
%Z	
%j	El día del año, siempre con tres dígitos: de 001 a 366.
%g	Es el número de la semana dentro del año acuerdo a la norma ISO 8601: en el primer caso muestra sólo los dos últimos dígitos, mientras que el segundo tiene el año en su totalidad. De acuerdo con la norma ISO 8601 semana comienza con el lunes y la primera semana del año es la que incluye 4 de Enero.
%G	
%V	El número de la semana según la norma ISO 8601. Los valores van de 01 a 53. De acuerdo con la norma ISO 8601 semana

	comienza con el lunes y la primera semana del año es la que incluye 4 de Enero.
%u %w	El día de la semana, expresada en forma numérica, donde, respectivamente, cuenta del 1 al 7, o de 0 a 6. Cero y siete son los domingos, 1 es lunes.
%U %W	El número de la semana, a contar, respectivamente, desde el primer domingo o el primer lunes de enero. Se usa el rango de dígitos 00-53.
%x	La fecha, representada según las convenciones locales.
%X	El tiempo, representado según las convenciones locales.
%c	La fecha y la hora, representados según las convenciones locales.
%D	La fecha, representada como %m /%d /%Y.
%F	La fecha, representada como %Y-%m-%d.
%n	Se sustituye por el salto de línea de código.
%t	Se sustituye por una pestaña horizontal.
%%	Se sustituye por un carácter de porcentaje.

HERRAMIENTAS

Para desarrollar en C se requieren de dos herramientas:

1. un sistema de construcción (un conjunto de programas, tales como compilador, un linker, un debugger, etc.) que comprueba los errores y traduce el código fuente de C en un archivo ejecutable
2. un editor de texto o un IDE (Integrated Development Environment o Entorno de Desarrollo Integrado)

Se puede utilizar cualquier editor de texto disponible en prácticamente cualquier sistema operativo, pero que tenga en cuenta las soluciones libres para satisfacer las diversas necesidades, desde los que quieren escribir el código directamente desde la shell de Linux a aquellos que quieren un sistema integrado en Windows.

PARA Windows

Existen varios compiladores y entornos de desarrollo integrados (IDE) para Windows, vamos a ver varios:

- **Tcc, Tiny C Compiler**. Es un compilador extremadamente pequeño bajo una licencia libre (LGPL), que tiene como objetivo producir código más ligero, también puede funcionar como un intérprete. Está escrito y mantenido por Fabrice Bellard.
- **MinGW, Minimalist GNU for Windows** es la adaptación a Windows del famoso compilador GCC de GNU/Linux publicado bajo una licencia libre. También hay algunas utilidades propias de GNU/Linux. De hecho, este proyecto era sólo para hacer la programación más fácil para los que se utilizaban para desarrollar con GCC.
- **Pelles C** es un kit de desarrollo completo para Windows y Windows Mobile que soporta muchas características de la

norma C99. El compilador se basa en LCC (de Chris Fraser y David Hanson), y fue creado por Pelle Orinius y es gratuita y de libre distribución con fines no comerciales, también es un IDE ligero y específico para el lenguaje C.

- **Dev-C++** distribuye un IDE libre bajo la licencia pública GNU para la programación en C/C++. El programa tiene un aspecto similar al de Microsoft Visual Studio. Una característica más de Dev-C++ es el uso de los devpaks, extensiones del entorno de programación con librerías adicionales, plantillas y herramientas.
- **Code Block IDE** es una plataforma libre similar a Dev-C++, pero a diferencia de que ya ofrece la funcionalidad de depuración.
- **WxDev-C++** conserva todas las características de Dev-C++, y añade la capacidad de "dibujar" las interfaces gráficas de usuario al estilo de Visual Studio, utilizando las bibliotecas gráficas de WxWidget.

PARA GNU/Linux

Veamos varias herramientas para entornos Linux:

- **GCC** (GNU Compiler Collection, originalmente GNU C Compiler) es un compilador inicialmente creado por el fundador de la Free Software Foundation, Richard Stallman, como parte del Proyecto GNU. Las versiones más recientes han sido incorporadas a las principales distribuciones de GNU/Linux. Obviamente se trata de software libre.
- **KDevelop**. IDE incorporado como parte integral del entorno de escritorio KDE, está liberado bajo la licencia GPL y permite la programación en Bash, C/C++, Fortran, Java, Perl y otros lenguajes, ofrece diferentes funcionalidades en función de lo que esté utilizando. Una de sus características más interesantes es la claridad que ofrece en los términos de recursos necesarios para su funcionamiento.

- **Anjuta**. Le permite programar en C y C++. La aplicación es elegante y ordenada, con una interfaz gráfica fácil de utilizar. Por lo general, no se instala en el escritorio, y para ello es necesario descargarlo de la web oficial o utilizar los paquetes incluidos en el repositorio de su distribución.

EL INSTALADOR

El programa de instalación es un programa para instalar otros programas y sirve para mover fácilmente el programa a otros equipos. Cada programa, se habrá dado cuenta a estas alturas, se fabrica con el ejecutable o el archivo ejecutable de las bibliotecas, archivos de configuración de imagen como los archivos SplashScreen o la documentación. Cada uno de los archivos necesarios en un programa debe estar colocado en el lugar correcto, sobre todo en programas complejos, ya que si no se dificulta la distribución del programa en otros equipos si se hace manualmente, con consecuencias obvias. A menudo hay diferencias en la ubicación del archivo de compilación, o entre diferentes versiones del mismo sistema operativo o la obligación de instalar otros programas o actualizaciones.

Un instalador puede copiar los archivos a la ubicación correcta o puede compilar el programa directamente sobre el sistema donde se debe de instalar la adaptación a este programa, el sistema puede ser adaptado para trabajar con el programa que está instalado.

El instalador puede realizar todas estas operaciones solo o adaptar la instalación de acuerdo con las especificaciones del usuario, puede proporcionar métodos para realizar instalaciones silenciosas o desatendidas cuando se tiene que instalar el programa en muchos ordenadores.

Es obvio que hay diferentes instaladores en diferentes sistemas operativos, aquí sólo vamos a mencionar los que están libres.

MICROSOFT WINDOWS

Para Microsoft Windows hay varios instaladores, como el instalador de Visual Studio (de Microsoft) disponible con el IDE Visual

Studio, Install Shield e Inno Setup. En este libro vamos a ver Inno Setup.

El Script de Inno Setup funciona transmitiendo el script de instalación en todas las distribuciones, viene con un pequeño IDE donde se puede escribir el script de instalación, de compilación y de depuración.

BIBLIOTECAS PARA CREAR INTERFACES DE USUARIO

- **GTK+**: son librerías gráficas que se implementan en C y son ampliamente utilizadas especialmente en Linux, algunos programas Open Source creados con esta biblioteca son: Gedit, Gimp...
- **QT:** Creo que son mejores que GTK+, pero lamentablemente la licencia prohibe utilizar esta biblioteca para fines comerciales, a menos que compren una licencia especial que es muy cara.

Lamentablemente, las bibliotecas para crear programas GUI en C son pocas.

BIBLIOTECAS DE GRÁFICOS 3D (PARA LOS VIDEOJUEGOS, LOS MOTORES GRÁFICOS, ETC.)

Hay muchas librerías para los gráficos 3D, pero solo vamos a enumerar las dos más utilizadas:

- **OpenGL**: son bibliotecas OpenSource multiplataforma (que también se utilizan en la Playstation y en Android), hay muchos tutoriales que explican cómo usarlo, ya que están incluidos en prácticamente cualquier equipo.

- **DirectX**: son bibliotecas de Microsoft y se usan solamente para las plataformas de Windows y Xbox, donde por lo general ya están integrados en los sistemas operativos.

CONCLUSIONES

El lenguaje de programación C es un lenguaje muy poderoso con el que podrá realizar prácticamente cualquier tipo de software para cualquier sistema operativo, ya que es la base de casi todos los sistemas operativos actuales.

Además, es una base para empezar a programar, ya que con C aprenderá la estructura básica de la programación, los conceptos básicos que rigen la mayoría de los lenguajes de programación.

Espero que este libro le haya servido para comenzar su aventura en el mundo de la programación y que le ayude a desarrollar maravillosas aplicaciones que le ayuden a lograr el éxito profesional en un mundo con cada vez más salidas laborales como es la programación.

BIBLIOGRAFÍA

Para la realización de este libro se han leído, consultado, contrastado información y traducido extractos de las siguientes fuentes de información:

Libros

- C Programming Language, de Brian W. Kernighan
- Practical Programming in C Lecture Notes, de Daniel Weller y Sharat Chikkerur
- Introduction to C Programming, de Dr. John T. Pages

Páginas web

http://wikibooks.org

http://wikipedia.org

http://programacionenc.com

ACERCA DEL AUTOR

Ángel Arias

Ángel Arias es un consultor informático con más de 12 años de experiencia en sector informático. Con experiencia en trabajos de consultoría, seguridad en sistemas informáticos y en implementación de software empresarial, en grandes empresas nacionales y multinacionales, Ángel se decantó por el ámbito de la formación online, y ahora combina su trabajo como consultor informático, con el papel de profesor online y autor de numerosos cursos online de informática y otras materias.

Ahora Ángel Arias, también comienza su andadura en el mundo de la literatura sobre la temática de la informática, donde ,con mucho empeño, tratará de difundir sus conocimientos para que otros profesionales puedan crecer y mejorar profesional y laboralmente.

www.ingramcontent.com/pod-product-compliance
Lightning Source LLC
LaVergne TN
LVHW022309060326
832902LV00020B/3369